SEXO À MODA PATRIARCAL

O feminino e o masculino na obra de Gilberto Freyre

SEXO À MODA PATRIARCAL

O FEMININO E O MASCULINO NA
OBRA DE GILBERTO FREYRE

FÁTIMA QUINTAS

SÃO PAULO
2008

© Fátima Quintas, 2007
1ª Edição, Global Editora, 2008

Diretor Editorial
Jefferson L. Alves

Gerente de Produção
Flávio Samuel

Coordenadora Editorial
Rita de Cássia Sam

Revisão
Mirtes Leal
Lucas Carrasco

Imagem de Capa
Almeida Júnior, Sem título (cena de família de Adolfo Augusto Pinto), 1891, acervo Pinacoteca do Estado de São Paulo

Capa
Reverson Diniz

Editoração Eletrônica
Luana Alencar

Dados Internacionais de Catalogação na Publicação (CIP)
(Câmara Brasileira do Livro, SP, Brasil)

Quintas, Fátima
 Sexo à moda patriarcal : o feminino e o masculino na obra de Gilberto Freyre / Fátima Quintas. -- São Paulo : Global, 2008.

Bibliografia.
ISBN 978-85-260-1263-9

1. Família - Aspectos sociais 2. Freyre, Gilberto, 1900 - 1987 - Crítica e interpretação 3. Mulheres - Comportamento sexual 4. Mulheres - Condições sociais 5. Papéis sexuais 6. Patriarcado - História I. Título.

08-00260   CDD-305.42

Índices para catálogo sistemático:

1. Patriarcado e mulheres : Sociologia   305.42

Direitos Reservados

GLOBAL EDITORA E DISTRIBUIDORA LTDA.

Rua Pirapitingüi, 111 – Liberdade
CEP 01508-020 – São Paulo – SP
Tel.: (11) 3277-7999 – Fax: (11) 3277-8141
e-mail: global@globaleditora.com.br
www.globaleditora.com.br

Colabore com a produção científica e cultural.
Proibida a reprodução total ou parcial desta obra
sem a autorização do editor.

Nº DE CATÁLOGO: **2793**

Em memória de:

Minha mãe, Edith Queiróz de Andrade Quintas, pelo muito que me estimulou a emendar-me em imagens dos velhos engenhos de Aliança e Timbaúba, narrando histórias que não se apagaram dos escaninhos da recordação.

Meu pai, Amaro Soares Quintas, que desde cedo me ensinou – na sua paixão de historiador – a sentir o passado, recapitulando-o e vivendo-o intensamente.

Maria Magdalena de Mello Freyre – esposa de Gilberto Freyre – pelo carinho e entusiasmo que me devotou na elaboração deste texto.

Joselice Jucá, exemplo de lealdade, coragem e obstinação – cúmplice incondicional de dias e de noites.

Conceição Vasconcelos, a grande confidente dos segredos indizíveis.

Sumário

Em Torno de Possíveis Inícios 11
   Perplexidades, intimismos, recorrências proustianas 13

PARTE I – A População Feminina Nativa 23

   Cenário de "intoxicação sexual" 25
   Poligamia: símbolo de valor econômico 31
   Couvade & *baito* 36
   Família, sifilização e desagregação dos valores autóctones 44

PARTE II – A Mulher Portuguesa em Tempos de Casa-grande 49

   O "isolamento árabe" 51
   Primeira comunhão: o rito da adultização 58
   A sinhazinha 64
   O pantagruélico banquete do casamento 71
   A endogamia patriarcal 78
   As iaiás solteironas 84
   O poder social e psicológico do confessionário 90
   Moda de mulher branca 96
   Envelhecimento precoce 103

PARTE III – A Negra por entre os Corredores dos Passos Frustrados 109

   Clandestinidade sexual 111
   Um cristianismo lírico e sensual 116
   A mãe-preta: ama-de-leite por excelência 129
   Santuário sodomita 133

    Moda de mulher negra 144
    A sífilis e a negra 152

À Sombra de Inconclusões **161**
    O derradeiro passeio pela vetusta soleira do engenho do passado ..163

Bibliografia **175**

Reconhece o autor um ponto de vista único e este – admite – personalíssimo: o de um neto ou bisneto que procurasse reconstituir parte da vida mais íntima vivida pelos seus avôs e pelos seus bisavôs, uns na meninice, outros na idade já madura. Mas procurando nessa vida de uns poucos o que fosse típico do viver, em dado instante do desenvolvimento do Brasil.

Gilberto Freyre

A monocultura latifundiária e escravocrática e, ainda, monossexual – o homem nobre, dono de engenho, gozando quase sozinho os benefícios de domínio sobre a terra e sobre os escravos – deu ao perfil da região o que ele apresenta de aquilino, de aristocrático, de cavalheiresco, embora um aristocratismo, em certos pontos, mórbido e um cavalheirismo às vezes sádico.

Gilberto Freyre

Em Torno de Possíveis Inícios

Perplexidades, intimismos, recorrências proustianas

O ato de iniciar impõe reflexões. Sugere um indagar introspectivo, apoiado em momentos de intensa perscrutação. Há uma certa liturgia no começar. E este texto me incita sobremaneira a meditar. Quase uma prece dotada de cultos preparatórios e de rituais preliminares. Como se as palavras não traduzissem o sentido exato daquilo que eu quero dizer; fugissem à força do significado e se diluíssem na dificuldade da interpretação; precisassem, enfim, de adornos sofisticados para transcender o além do apenas semântico. Tentarei cumprir as etapas, uma a uma, sem pressa nem atropelos que venham a desvirtuar os caminhos a percorrer.

Conheci Gilberto Freyre na sua Vivenda de Santo Antônio de Apipucos, levada por meu pai, Amaro Quintas, que o visitava com freqüência. Tinha eu uns oito anos de idade. Criança, ainda encantada com minhas bonecas, em permanente enlevo com as esperanças, quase etérea nas divagações, palmilhava a sua individualidade, inebriada pelo mito que se elaborou na minha rica imaginação. Um mito envolvido em paixões e rumores, a interpelar, fustigar ou, silenciosamente, penetrar, com o olhar doce e suave, a menor das fagulhas circundantes. Um mito por demais humano.

O seu jeito era sedutor e puro; sensual e infantil; matreiro e paternal. Nele as emoções inundavam a epiderme, e saltava-me aos olhos o equilíbrio dos contrastes. Escutava com malícia e "sentenciava" com absoluta precisão. O poder de argumentar lhe conferia um carisma originalíssimo. Enfático, sem nenhuma redundância, dizia o que devia dizer, na hora certa, no momento exato, no lugar apropriado. Não se furtava a ouvir a mais ingênua observação. Fazia-o com o prazer de quem se abastece do outro para renascer em idéias e criações. Ouvia a todos. Ouviu, inclusive, a menina que eu era.

O jardim da residência, escarafunchei-o. Havia fascínio em sua casa. Alguma coisa mágica, com saibos de mistério – ah, os mistérios aliciadores e aliciantes!... Amei-os e ainda os amo. Como se o tempo ali adquirisse a dimensão *tríbia*, condensada e desenvolvida por ele próprio. No ar, uma integração perfeita do ser e do estar a evocar Pablo Neruda: "Como as coisas estão repletas da minha alma" (Neruda, 1980, p. 51). E estavam. Todas as coisas. Uma a uma. A deitar sentimentos por toda parte. Gritando. Disseminando o êxtase do desconhecido.

Na minha meninice, aquele cenário doméstico cativava-me. A relação dialógica que Gilberto conseguira estabelecer com o espaço, com o tempo, com o cotidiano, transparecia nos mínimos detalhes: painéis de azulejos portugueses, baixelas de prata, aparadores fidalgos, cristaleiras heráldicas, peças de porcelana, cristais da Boêmia, arcas silenciosas, consolos austeros, castiçais imponentes, fotografias preservadas com carinho – algumas delas esgarçadas com o passar dos dias e das noites –, documentos manuscritos, santos antigos...

A personalidade entranhada na casa dava-me a sensação de estar atravessando o túnel do tempo. Ao percorrer os meandros de sua morada, agasalhava eu o desvelar das minhas especulações. Foi, sem dúvida alguma, em sua residência que, pela primeira vez, indaguei: "Como será que viveram os meus antepassados, as mulheres principalmente? Como teriam sido os amores das minhas tataravós, das mulheres que me legaram o perfil cultural do que hoje sou?" Deixava sempre a casa com a impressão de que o instante captado se revestia de atemporalidade, relativizado no ontem, no hoje, no amanhã.

Singular na concepção de ser, Gilberto Freyre despertou em mim a curiosidade de perceber as imagens que visivelmente já se foram. O seu intimismo me lançava a inatingíveis labirintos. Queria eu penetrar nos dias que não foram meus. Desejei contemplar coisas que não vi. Mas que nem por isso subtraía a minha crença nelas, coisas que não vi. Transportava-me *à la recherche du temps perdu*, uma forma de entrega ao passado, para daí soerguer-me mais feminina e mais obstinada no ato de revelar-me por meio dos meus fantasmas secretos.

Onde há humanidade, há recordações. Rainer Maria Rilke afirmava:

> Se a própria existência cotidiana lhe parecer pobre, não a acuse. Acuse a si mesmo, diga consigo que não é bastante poeta para extrair as suas riquezas. Para o criador, com efeito, não há pobreza nem lugar mesquinho ou indiferente. Mesmo que se encontre numa prisão, cujas paredes impeçam todos os ruídos do mundo de chegar aos seus ouvidos, não lhe ficaria sempre sua infância, essa esplêndida e régia riqueza, esse tesouro de recordações? (Rilke, 1980, p. 23-24)

A solidão do indivíduo corresponde à solidão do lembrar. Multiplicar os retratos da infância, eis a equação-símbolo. Se há infância, há necessariamente o que recordar. Não há homem sem infância, porque não há homem sem lembranças.

Os meus primeiros contatos com Gilberto Freyre guarneceram-se de informalidade. Conheci o homem, depois o escritor. A admiração nasceu cedo, ainda no desvendar de sua casa quando, menina, repito, esquadrinhava os recantos enigmáticos que me enchiam de entusiasmo e curiosidade. Logo depois, interligou-se o homem à obra. Daí em diante, foi difícil apartar as duas dimensões. Era como se o homem se fundisse à obra e a obra se fundisse ao homem. Uníssonos. Inseparáveis. Siameses.

E acudia-me sempre o sentimento de ser eu mulher. Mulher na casa de um homem que me sugeria uma revisão do tempo e também uma revisão na minha história "feminina". Cascavilhei as suas idéias e descobri posteriormente o que antes desvendara por entre as palmeiras, as pitangueiras, as mangueiras do seu sítio: que o pioneirismo de Gilberto Freyre na abordagem da mulher é fato insofismável; ponto convergente para a minha atração irrecusável pelo seu universo cosmológico. Um pioneirismo patente, restaurador de um passado esquecido e marginalizado. Aquela mulher triste e acabrunhada, em meio a derrotas, que eu me acostumara a idealizar, era redimida como sujeito social. Egressa do marasmo do ontem, ator historicamente recuperado, Freyre reabilitava-a ao atravessar os volteios da fina intimidade, desde os mais recatados momentos até a frugalidade de encontros convencionais. A fotografia do doméstico emergia cristalina e ostensiva em gradações.

Apegar-me, pois, ao traçado dessa fotografia diz do objetivo maior do texto a que agora me proponho. A família, o cotidiano, a casa – *locus* primal da mulher – sinalizam diretrizes fundamentais para o entendimento da antropologia do feminino, tão do meu agrado – e por que não confessar? –, proustianamente do meu agrado. Entendimento que se alonga do simples ao complexo. Das exterioridades, às vezes desprezíveis, ao implícito dos veios sociológicos. Do fenômeno palpável ao pudor de dogmas inexplicáveis – dogmas não se explicam. Da gesticulação ostensiva às intenções reprimidas.

Gilberto, atento a todos os sintomas, construiu no seu viver e, paralelamente, na sua obra, a leitura fiel dos papéis sociais e sexuais do patriarcalismo. Percebi o seu desejo de ir fundo na tessitura do circunstancial ainda nos verdes anos dos meus alumbramentos. Não lhe bastou o factível, simples demais para decodificar as superficialidades. A mulher se reservava por entre alcovas que fez questão de perseguir como eixo de uma consciência social. Elegeu um *approach* humano para compreender o humano, sobretudo quando o humano se direcionava à mulher, um ser apagado na escuridão do passado. Mas o passado jamais se cristalizará na penumbra do esquecimento. Há de haver enormes candeeiros para clarificá-lo. Que as tochas luminosas escancarem o que possa parecer deslustrado. Entre sombras e luzes, a mulher emendou-se em tempos subjetivos, alguns palpáveis, outros abstratos. Todos perfeitamente iguais ao mais igual dos presentes. Ou perfeitamente diferentes do mais diferente dos presentes. Gilberto Freyre distingue-se como o primeiro homem de ciência a analisar em densidade o ideário da mulher em priscas eras coloniais. E não temeu anunciar:

> Mais depressa nos libertamos, os brasileiros, dos preconceitos de raça do que dos de sexo. [...] Os tabus do sexo foram mais persistentes. A "inferioridade" da mulher subsistiu à "inferioridade da raça". [...] Sexo fraco. Belo sexo. Sexo doméstico. Sexo mantido em situação toda artificial para regalo e conveniência do homem, dominador exclusivo dessa sociedade meio morta (Freyre, 1981a, p. 127-128).

Deparo-me na sua obra com sentimentos que vislumbrei nos olhos de antigamente. A menina viu o que a mulher adulta depois confirmou.

Entendi, sem tergiversar, que, das bandeiras patriarcais, a sexual pontificou como uma das mais expressivas, constante insígnia da dinâmica açucareira. As nossas tataravós, com raras exceções, foram pouco realçadas na engrenagem "erótica", que tanto exalta a chama epidérmica e da qual afloram sensualidades picantes. *Malgré cela*, em casulos meio amorfos, obtiveram excelentes ganhos de *mais-valia* na coesão da família. Na verdade, urgia resgatá-las em um poder esmaecido por longos e infinitos corredores dos passos frustrados. Um poder que merece ser chamado de oculto, cautelosamente disfarçado, quem sabe?, propositadamente disfarçado numa sociedade com imperativos machistas.

Não se pode minimizar a influência feminina nos esteios da afetividade patriarcal. Negá-la seria faltar com a precisão científica. Mesmo os oprimidos e silenciosos, aqueles de quem não se esperam efetivos rasgos de independência, mesmo esses possuem suas formas subliminares de atuação. Ninguém passa pela história sem deixar marcas. Absolutamente ninguém. Todos somos artífices de um palco, seja ele faustoso ou enturvado pela manhã ensolarada ou pela noite sem cor. *Casa-grande & senzala* hospeda os sulcos do tempo e do espaço, a consolidar o cheiro da terra, a lembrança de gentes, a saudade de homens e de mulheres debruçados sobre o extenso canavial.

O presente trabalho, esboçado nos desenhos quase imaginários da menina que não sabia bem o que queria, em remotas épocas de convivência nos jardins da Vivenda de Santo Antônio de Apipucos, tem como meta prioritária o feminino. Debalde, não menospreza os aspectos mais gerais, valiosos na investigação antropológica. Assenta-se na obra de Gilberto Freyre, base instrumental de toda a exploração do tema, ponto de partida e de chegada dos propósitos a que me designei. Nos textos escolhidos, encontram-se as idéias centrais do autor relativas à construção do *ethos* feminino, isto é, a tela "conceitual" da dialética macho–fêmea, além de considerações que, apesar de mais distanciadas, contribuem para "consolidar" o inventário do passado. Há uma multiplicidade de variáveis visando compor o panorama das relações de gênero no momento colonial e pós-colonial.

A determinação maior é a de consubstanciar a presença da mulher e do homem – em base de contrapontos permanentes – no pensamento científico freyriano, captando a maneira pela qual o escritor se insere na abordagem de uma época em que predominava a figuração do sujeito masculino. Para tanto, achei necessário uma incursão integral em algumas obras, de modo a bosquejar traços que, em fase posterior, venham a esclarecer o objeto estudado.

Frise-se: a situação da mulher, no período rastreado por Gilberto, não poderia ser compreendida isoladamente, como um apêndice do quadro vigente. Não hesito em afirmar que o autor destacou a contextualização sem dirimir quaisquer pormenores, mesmo os aparentemente prescindíveis. As circunstâncias elevam o fato antropológico à sua verdadeira cosmovisão; não há como desprezar o menor dos elementos quando se persegue a formulação de um cenário burnido em sentimentos, emoções, saudades, ausências. A máxima sartriana se reforça: "O essencial é a contingência" (Sartre, 1986, p. 193).

O texto distendeu-se em três partes que se classificaram à luz das etnias intervenientes na formação da sociedade brasileira. A primeira, dedicada à mulher índia e à paisagem nativa de uma região pobre em oferendas econômicas; a segunda, à portuguesa, aqui compreendida na condição hierarquicamente privilegiada de colonizadora; a terceira, e última, à negra, o elemento escravo introduzido para socorrer as idiossincrasias da cana, em uma terra essencialmente agrícola, com exigências de braços heróicos que viessem a sedimentar a aventura do descobrimento. Procurei agraciar todos os segmentos femininos na mira de reconstituir a *alquimia sexual* que transitou do massapê até os alpendres da casa-grande. A "categoria" macho não foi esquecida; esteve sempre presente, qual testemunho de um poder que se espalhou sobre todo o panorama do engenho de outrora. A divisão não poderia atender a diferente taxionomia, porquanto privilegia o conduto relacional de gênero no mundo que o português criou.

Algumas ressalvas, de caráter pragmático, merecem relevância: gostaria de salientar que a área de abrangência da pesquisa bibliográfica se prende à compreensão do feminino e do masculino em *Casa-grande & senzala, Sobrados e mucambos, Vida social no Brasil nos meados do século XIX, Modos de homem, modas de mulher* e *Oh de casa!*, com destaque na primeira, obra *matriarca* por excelência, a viga mestra polarizadora das idéias do autor. As demais serviram-me de respaldo às argumentações nomeadas. Estou convicta de que, em *Casa-grande & senzala*, o tratamento oferecido por Gilberto Freyre ao tema é de tal forma proeminente que adensa, em si mesmo, o ponto de convergência do seu pensamento. Assim procedendo, clarifico que há limites para o desenvolver do estudo. Ele não repousa em "laivos" genéricos, deixando, pois, espaços abertos para o intuir de novas indagações. Aliás, a pretensão é esta: estimular e incentivar perspectivas outras. Nunca extenuar a questão dentro de círculos côncavos e morredouros.

A origem da ideologia da mulher nordestina–brasileira consigna o ponto de arrancada da investigação ora sugerida. A natureza da narrativa está centrada em duas vertentes: tentar uma associação de variáveis que justifiquem o atual momento histórico e agrupar, em documento *único*, assunto ainda pouco pinçado pelos gilbertólogos ou gilbertófilos. Relembro e enfatizo que a intenção do trabalho é revelar tão-somente uma discussão em torno de um aspecto menos explorado da obra gilbertiana: o feminino e o masculino na formação da família brasileira. O realce atende ao feminino, reitero. Seria, entretanto, impossível absorver a interação dos gêneros ao largo da liturgia dos sexos, o que me levou a explanar sobre concepções de fêmea e macho. As noções apresentadas decorrem do confronto estrutural da sociedade patriarcal.

Quero ressaltar que o masculino, neste trabalho, aparece como complementaridade de um processo interacional. Não representa o objeto maior das minhas indagações. Espero ter conseguido traduzir a inserção do homem num texto que identifica o feminino como o elemento-fonte de pesquisa. Não me detive no homem, como estudo específico, porque o meu interesse recaiu na mulher. Detive-me por necessidade categórica de circunstanciar o passado. O masculino, valor destacado na composição piramidal, flui e reflui em representações, às vezes, como é sabido, com caráter mais sólido de absolutividade que de relatividade.

Não há o que se pode chamar de *pessoalidade* no estudo em tela, uma vez que incide na depuração das idéias de um cientista social diante da opressão feminina que se instalou nos prelúdios do patriarcalismo. É natural que, em alguns momentos, as minhas interjeições venham à tona, até porque, sendo mulher, não poderia deixá-las à parte ou relegá-las a planos de somenos importância. Entretanto o centro da abordagem indica menos um estudo de pessoalidade do que um profundo submergir na ideação do autor. Procuro esclarecer a minha condição de pesquisadora, ao adotar como categoria de análise uma obra que reputo valiosa, aliás valiosíssima, na ordenação de qualquer ensaio que "devasse" o feminino no Brasil. O simples despertar para frestas discursivas sobre a obra freyriana regozija-me. Se conseguir tal feito, terei logrado e cumprido satisfatoriamente o meu propósito.

Talvez seja audacioso asseverar: em Gilberto havia um sentimento de casa quase uterino, alguma coisa freudiana que o fazia irmanado à intimidade, ao particular, ao âmbito do privado. Ao mesmo tempo, anestesiava-se com a aventura de desbravar plagas longínquas, relativizando os clichês imutáveis da universalidade dos fenômenos sociológicos.

> E ao aludir aos planos do viver, também indicamos com isto uma alternativa elementar, aquela que se dá entre o viver "geral", isto é, o viver de todos (ou com todos, na medida em que tal imagem pode caracterizar-se), e o viver consigo mesmo: o viver pessoal, que é o privado e que consiste no plano da convivência mais íntima, mais direta, correlata do existir individual (Saldanha, 1993, p. 19).

As "impressões" freyrianas jorravam da casa à rua numa circularidade que se firmava na família, nos laços de ternura, na consangüinidade e na afinidade de relações íntimas e intimistas. Uno na diversidade, aliado a "peripécias" múltiplas, dos chinelos a mares nunca dantes navegados, sempre retornava ao aconchego doméstico, fascinado pela singeleza do lar, tão por ele cultuado.

> Em conferência autobiográfica na Sociedade Hans Staden, de São Paulo, comecei a responder à pergunta – "por que se tornou sociólogo?" – por uma recordação de infância: a de que aos seis anos fugi de casa para conhecer o mundo, voltando à casa vencido pela saudade. Saudade da mãe, principalmente. Mas também do pai e dos irmãos, da casa e do próprio gato. Desde então venho repetindo essa fuga e repetindo esse regresso. Fugindo do Brasil pela atração de quanto seja diferente do Brasil e voltando ao Brasil pela sedução do familiar. [...] Tornei-me um tanto sociólogo, por um lado, pela curiosidade em torno do que é social no mundo, por outro, pelo interesse do que é social em mim próprio: na minha família, na minha casa, no meu passado (Freyre, 1968a, p. 43).

Não se furtou, Freyre, a reverenciar o temperamento intuitivo – e, por que não dizer? –, quase maternal. A casa, o jardim, os jambeiros espalhados pelo quintal foram palcos de grandes devaneios. Sua cadeira preferida, quadros, poesia, retratos de tempos findos; belos retratos que enfeixavam toda a experiência acumulada de um homem que vislumbrou o semblante da mulher na sua inteireza, sem fragmentá-la em heterogeneidades; mulheres de antigamente, as que estabeleceram o elo do homem patriarca com o doméstico caseiro; mulheres capazes de narrar oralmente vidas não vividas; mulheres submersas em efígies já apagadas, porém fortes no despertar de novas quimeras; mulheres surpresas diante do advir.

Finalizando, deixaria uma derradeira observação. Observação que havia pensado elucidar no capítulo final, mas que decidi inserir no início do texto. Lidos e relidos *Casa-grande & senzala*, *Sobrados e mucambos*, *A vida social no Brasil nos meados do século XIX*, *Modos de homem, modas de mulher* e *Oh de casa!*, não me advieram críticas significativas, capazes de reverter as interpretações do escritor pernambucano. Algumas discordâncias, peculiares à minha condição inquieta de ser, hauriram; porém, de forma alguma, desvirtuaram o tronco original da obra.

Menos do que uma atitude de contestação, assumo uma *solidariedade assimétrica* sem posições intransigentes de censura. Uma adesão racional diante das argumentações defendidas. Essa representou uma razão, talvez a mais expressiva de todas, para o retardar da realização do presente trabalho.

Deixei, na cabeceira, os livros e as idéias. Ao tempo. Ao amadurecer dos sentimentos. Ao repassar das sensações. A cada alvorada, um imergir em vértice. A cada aleluia, um novo especular. A cada crepúsculo, saudades recuperadas.

Reavaliei conceitos, refiz planos, relativizei o meu *status* de mulher até entender que essas dificuldades estampavam o contexto da minha frugal existência, e que a obra de Gilberto Freyre transcendia o tempo; logo, deveria escapar de limitadas especulações.

Compreendi ainda mais: renunciar ao desejo de vasculhar profundidades, minhas ou alheias, seria o mesmo que acatar mais uma frustração. Decidi, então, levar adiante as singulares intenções. O pensamento de Gilberto Freyre em relação à mulher, desvendei-o na medida em que me foi possível fazê-lo. Entrego, portanto, ao leitor o texto em apreço, um texto que, pela sua própria natureza, percorrerá caminhos retilíneos, atalhos serpenteados e alguns becos sem saída.

PARTE I

A População Feminina Nativa

A luxúria dos indivíduos, soltos sem família, no meio da indiada nua, vinha servir a poderosas razões de Estado no sentido de rápido povoamento mestiço da nova terra. E o certo é que sobre a mulher gentia fundou-se e desenvolveu-se através dos séculos XVI e XVII o grosso da sociedade colonial, num largo e profundo mestiçamento.

Gilberto Freyre

Cenário de "intoxicação sexual"

O Brasil se resumia a uma extensa faixa de terra, povoada de gente nua: homens caçadores, pescadores, guerreiros; mulheres ardentes, tez bronzeada, púbis à mostra. Diante de um horizonte de natureza aberta, o sexo foi a primeira chama a faiscar. A longa e incerta travessia do Atlântico deixara o português sedento de carne. O encontro com o litoral recrudescera o ardor reprimido. O palco "libertino" acedeu a mais completa sedução. Corpo esbelto, seios rígidos, coxas torneadas à mão pelos pincéis do "primitivo", a graça da índia palpitava em sussurros amorosos, esquecida de qualquer forma proibitiva que viesse a reprimir a possibilidade do amor.

Não poupou ao corpo da índia o homem ibérico. Utilizou-o com sofreguidão, rendendo-se ao mistério de um trópico ainda por descobrir. A lenda da *Moura Encantada* finalmente se concretizava nas vizinhanças da linha do Equador. A pele, o jeito, a nudez o cativaram. A mulher índia, indefesa, logo se encantou diante da "excentricidade" do ocidental. Atraiu-se por ninharias. O europeu trazia a "modernização", o progresso, as vantagens de uma mágica civilização. Fechou os olhos, essa mulher ingênua, para possíveis desacertos e lançou-se freneticamente à loucura da cupidez. De tudo fez para copular. E copulou.

> O ambiente em que começou a vida brasileira foi quase de intoxicação sexual. O europeu saltava em terra escorregando em índia nua; os próprios padres da Companhia precisavam descer com cuidado, senão atolavam o pé em carne. Muitos clérigos, dos outros, deixaram-se contaminar pela devassidão (Freyre, 1966, p. 103).

O português encharcou-se de corpos virgens de malícia. O quadro inicial revelava um ambiente de "intoxicação sexual", como se a libido da mulher se exacerbasse quase que ensandecidamente ante o potente pênis europeu. Estimulada pelo diferente que o colono ofereceu, doou-se a índia em prazeres extremos. A imensa mancha territorial brasileira exibiu a fêmea, ancha de satisfação pela aventura que se lhe apresentava – a do civilizador. E para cá, ressalte-se, não veio nenhuma nobreza com dotes de primorosa educação, nem erudita nem sexual. Chegaram, sim, restos de homem, vocações explícitas para o erótico, sobras do festim lusitano. Havia pouco a esperar.

> Para a formidável tarefa de colonizar uma extensão como o Brasil, teve Portugal de valer-se no século XVI do resto de homens que lhe deixara a aventura da Índia. E não seria com esse sobejo de gente, quase toda miúda, em grande parte plebéia [...] que se estabeleceria na América um domínio português exclusivamente branco ou rigorosamente europeu (Freyre, 1966, p. 103).

Para além do sexo, o Brasil se reduzia a um picadeiro sem holofotes. Terra e homem se encontravam em estado bruto. Uma população rasteira, dormindo em rede ou no chão, alimentando-se de farinha de mandioca, de fruto do mato, de caça ou peixe comido cru. Da fauna não soube o nativo selecionar animais domésticos para o seu serviço. Somente os corpos de homens e mulheres serviram de alento na lide cotidiana.

> [...] De modo que não é o encontro de uma cultura exuberante de maturidade com outra já adolescente, que aqui se verifica; a colonização européia vem surpreender nesta parte da América quase que bandos de crianças grandes; uma cultura verde e incipiente; ainda na primeira dentição (Freyre, 1966, p. 100).

Esse fosso de uma cultura para outra – a européia, madura; a indígena, engatinhando – possibilitou o fortalecimento de certas inferioridades por demais visíveis quanto ao grau de distanciamento técnico. Assim, as distorções aumentaram com nítidas prevalências para o português. O machismo do homem preponderou sem encontrar resistência. Deparou-se, sim, com uma vitrine abundante de mulheres fascinadas por jogos aliciantes.

A dura viagem invocava recompensas. Havia escassez de brancas. Havia falta de gente, problema, aliás, que Portugal já estava acostumado a enfrentar – a população portuguesa, à época do Descobrimento, correspondia a um milhão de habitantes e as suas conquistas já se alastravam pela África, Índia e até Extremo Oriente. Havia, ainda, a solidão do próprio colonizador. A todos esses senões acrescia-se o desejo sexual do português, que, pela sua indefinição étnica e cultural, inclinava-se generosamente à miscigenação.

Por sua vez, a nativa era dotada de sensualidade, e de si destilavam chamamentos de enxúndia. Ao contrário do macho indígena, menos entusiasmado pelas solicitações do sexo – o nomadismo, com suas características arrítmicas, enfraquece a energia carnal –, a fêmea entregava-se aos enlevos libidinais com entusiasmo. Sabia ser boa amante e, em correspondência, o colono não lhe faltou. Se o nomadismo e o sedentarismo podem respectivamente provocar relações de estabilidade e de diminuição de vigor sexual, podem também estimular cenários propícios à prática do homossexualismo, quando a distância e o isolamento interrompem a convivência entre os sexos opostos. Tudo indica que a população indígena do Brasil colonial conheceu o homossexualismo de ambas as partes: homens e mulheres. E não fez disso nenhuma aberração digna de repúdio.

Ao lado do nomadismo, o índio, já por si, expressava certa inapetência sexual ao reivindicar aparatos orgiásticos que lhe fustigassem a fome fálica. Recorrendo a cerimoniais preliminares, estava ele invocando alardes determinantes do gozo libidinal. O estímulo à sedução acontecia nas danças, freqüentemente executadas mediante exercícios preparatórios que serviam de incentivo à busca da sexualidade.

> Desempenhando funções de afrodisíaco, de excitante ou de estímulo à atividade sexual, tais danças correspondem à carência e não ao excesso. [...] Os selvagens sentem necessidade de práticas saturnais ou orgiásticas para compensarem-se, pelo erotismo indireto, da dificuldade de atingirem a seco, sem o óleo afrodisíaco que é o suor das danças lascivas, ao estado de excitação e intumescência tão facilmente conseguido pelos civilizados (Freyre, 1966, p. 111-13).

A índia entregou-se ao colonizador não somente pela exaltação priápica como pela continuidade de sua presença. Mergulhou sem freios no jogo do sexo. Mas o português não lhe deu amor. Deu-lhe apenas a satisfação epidérmica: pênis ereto a penetrar vaginas de mulheres crédulas e carentes de afeto. Nada mais que isso. O ato sexual se resumiu à excitação de um momento de deleite; carne, somente carne. Muito pouco para quem almejava emoções duradouras. E a índia almejou-as.

> [...] O amor foi só o físico; com gosto só de carne, dele resultando filhos que os pais cristãos pouco se importaram de educar ou de criar à moda européia ou à sombra da Igreja. Meninos que cresciam à toa pelo mato... (Freyre, 1966, p. 104).

Cobriu-a, o português, de presentes inexpressivos – qualquer regalo a gratificava. A demanda passiva facilitou os canais hegemônicos. Não houve reação por parte da mulher e, nesse sentido, a índia engendrou facilmente a síndrome da sujeição ou, melhor dizendo, a síndrome do alumbramento pelos rituais amorosos do lusitano. A outorga foi tal que hábitos masoquistas parecem ter ornado o imaginário da mulher indígena, o que permitiu e alimentou práticas sádicas do europeu, bastante soberano em arrogância fálica. O colono soube muito bem aproveitar-se de uma situação perdulária em concupiscência. Sempre picado pelo apetite sexual, lançou-se no desadoro da carne. E naturalmente que filhos surgiram desses encontros. Filhos bastardos, criados aos trambolhões, entregues à sorte que Deus lhes deu. Desprotegidos e emparedados no enredo patriarcal.

À pureza da população nativa agregaram-se os excessos de uma outra gente, essa com vasta experiência no campo da sexualidade. O contato de culturas, julgando-se uma superior e levando outra a considerar-se inferior, produz necessariamente efeitos aberrantes. Foi o que se deu nesse Brasil, ainda muito aquém da chamada civilização ocidental.

> O intercurso sexual entre o conquistador europeu e a mulher índia [...] verificou-se [...] em circunstâncias desfavoráveis à mulher. Uma espécie de sadismo do branco e de masoquismo da índia ou da negra terá predominado nas relações sexuais como nas sociais do europeu com as mulheres das raças submetidas ao seu domínio (Freyre, 1966, p. 54).

A índia emprenhou, multiplicou, colonizou. Contribuiu para o aumento populacional de uma sociedade calcada em baixas taxas demográficas e na dialética da dominação, tão instigadora de mecanismos opressores. A permissividade e a lubricidade atingiram altos índices. Foi presa fácil, a autóctone. Deixou-se submergir em frugais imagens e não teve chances de equalizar os fatos, em decorrência dos pesos desequilibrados. Das insípidas oferendas dos nativos ao mistério que o mundo português carregava havia uma enorme discrepância, avantajada, inclusive, pela irregularidade, nas tabas, da presença masculina indígena. O nomadismo favoreceu, e muito, os entrecruzamentos sexuais. Abriu as portas para as alcovas fesceninas.

Como fator decisivo, as acepções de moralidade e de fidelidade adequavam-se a uma consciência mais lassa, confortavelmente ajustada às condições do momento. Entre os indígenas brasileiros, tais conceitos se distanciaram das normas ortodoxas do sectarismo jesuítico e dos indecisos princípios lusitanos. Germinava uma paisagem suscetível à "bota malaia" do português. Tudo se encaixou para que o triunfo do falo se acomodasse em explícitos imperativos de dominação. Assim ocorreu. A mística nativa, essa não reagiu, ou por fragilidade "cultural" ou por estrondosa virtude de rendição. Conseqüentemente, proliferaram substanciosos desajustes.

Presume-se que moralidade e sexualidade andam juntas, e às sociedades ditas permissivas corresponde um conjunto de valores menos conservador. Sabe-se que a ética indígena se ancorava num modelo totêmico e animista, com inclinação mais naturalista que abstrata, embora toda a engrenagem nativa se fundamentasse em regras rígidas, quase sempre dissociadas da lógica ocidental. Tais regras, poucas vezes, se destinavam à sexualidade, fenômeno entendido por meio de normas flexíveis se comparado ao paradigma europeu. A índia patenteou um "objeto" de acessível manuseio, principalmente pela condição de dominada, o que lhe assegurou destinos submissos.

A degradação começou seguramente pelo sexo. O lusitano arfando de desejo, a índia cativada por apelos insinuantes. O priapismo da indígena avultou-se na Terra do Sexo. Não faltaram ao português artifícios diabólicos. Com argúcia, construiu castelos de ilusão. Pobres castelos de areia! O fascínio pelo europeu foi imenso e justificado. Afinal, a mulher nativa tinha à sua frente o grande colonizador, aquele que lhe trazia os referenciais civilizatórios e, portanto, o prêmio de uma raça tida como superior. Nada mais razoável que o delírio pela perfeição. O português sintetizou a fantasia na mais palpitante expressão da fantasia – o sonho idealizado, inclusive o da falácia da "raça" eleita. Uma fábula que se materializava diante dos olhos de um povo carente das tramas do progresso. Quem não se apegaria a miragens de hedonismo? Não titubeou a mulher sequiosa de priapismo. Correu ao encontro do "equilíbrio étnico" e da magia do "amor". A superioridade se fazia tão gritante que respeitá-la e admirá-la dizia de um dever de inteligência. Se não de inteligência, de ingenuidade. Uma ou outra fustigou a flama de sexualidades inexperientes.

> [...] Capistrano de Abreu sugere [...] que a preferência da mulher gentia pelo europeu teria sido por motivo mais social que sexual: "Da parte das índias a mestiçagem se explica pela ambição de terem filhos pertencentes à raça superior, pois segundo as idéias entre eles correntes só valia o parentesco pelo lado paterno (Freyre, 1966, p. 102).

Por considerações priápicas ou por purismos étnicos que aprimorassem a linhagem de descendência, a indígena optou abertamente pelo europeu. O feitiço foi maior que o feiticeiro, e a atração sexual atingiu os píncaros do júbilo. A nativa já vivia a liberdade sexual, e não foi difícil estendê-la ao fantástico mundo lusitano.

A cena de "intoxicação sexual" compendiava a vitória da sensualidade e do prazer. Mudar de companheiro não representava problema algum. Outrossim, a rotina primitiva corria dentro da mais perfeita "desordem civilizatória". O colonizador soube aproveitar o que, para ele, fugia às regras da boa etiqueta. O "caos" o favoreceu. A afrodisia calhava às mil maravilhas. Se a terra não prometia, o sexo prometia. Para um ibérico com pendores à luxúria, o banquete da carne ali habitava. Fazer uso dos regalos impunha-se como ofício de boas-vindas. O trópico excitava-o porque escapava às suas presumíveis logicidades.

> O ensaísta do Retrato do Brasil recorda dos primeiros cronistas as impressões que nos deixaram da moral sexual entre o gentio. Impressões de pasmo ou de horror. É Gabriel Soares de Souza dizendo dos Tupinambás que são "tão luxuriosos que não há peccado de luxúria que não cometam"; é o padre Nóbrega alarmado com o número de mulheres que cada um tem e com a facilidade com que as abandonam (Freyre, 1966, p. 111).

Mulheres envaidecidas com o novo homem, super-homem na capacidade de despertar o enorme interesse pela civilização outra, centro das atrações de um progresso organizado à luz dos ensinamentos racionais. Tudo que se incluísse aquém do "cartesianismo" europeu traduzia-se em postulados pouco significativos. O que representava o Brasil? Um amontoado de ignorâncias plugadas do nativismo autóctone.

A índia não se encontrava em posição de se impor ao homem branco. A submissão decorreu da hierarquia do poder, que abrigava um português, senhor das inúmeras prepotências. Uma superioridade política e econômica, o que quer dizer, uma superioridade em todos os sentidos. A mulher recebeu o colono de braços abertos, alforriada de preconceitos, porém imbuída de arquétipos sofismáticos: o da ilusão civilizatória. Infantil, entregou-se numa relação descompassada, da qual fatalmente sairia perdedora. Não tinha como escapar desse fracasso anunciado. Como mulher, anulou-se sob o néctar da inocência. Um pássaro de asas podadas a alçar vôos impossíveis e a percorrer céus à procura de uma liberdade enganadora.

POLIGAMIA: SÍMBOLO DE VALOR ECONÔMICO

A índia simbolizou, no período da descoberta do Brasil, um elemento de utilidade social e econômica para o seu grupo étnico. Freyre afirma que o melhor da cultura autóctone veio da mulher.

> Da indígena se salvaria a parte por assim dizer feminina de sua cultura. Esta, aliás, quase que era só feminina na sua organização técnica, mais complexa, o homem limitando-se a caçar, a pescar, a remar e a fazer guerra (Freyre, 1966, p. 173).

Sedentária e com superioridade técnica sobre o masculino, elevou-se como a figura mais representativa do mundo ameríndio. Foi completa na abnegação. Talvez, no tocante à sexualidade, tenha chegado a extremos. Mas a consciência da identidade se mostrava tão efêmera, e os arroubos de hedonismo tão magnânimos, que não poderia ter caminhado noutra direção. Moveu-se, pois, entre as pegadas da persuasão.

> A toda contribuição que se exigiu dela [indígena] na formação social do Brasil – a do corpo foi a primeira a oferecer ao branco, a do trabalho doméstico e mesmo agrícola, a da estabilidade (estado por que ansiava, estando seus homens ainda em guerra com os invasores e ela aos embóléus, de trouxa à cabeça e filho pequeno ao peito ou escancarado às costas) – a cunhã correspondeu vantajosamente (Freyre, 1966, p. 128).

Tão vantajosamente que transformou a força de trabalho num valor ambicionado e invejado, a ponto de justificar um dos ângulos da poligamia, ou seja, o interesse do homem em aglutinar *bens-mulheres* que garantissem posteriormente sua viabilidade socioeconômica.

O feminino provou ser imprescindível no administrar o labor doméstico tanto quanto no operacionalizar o plantio da lavoura. Assim, brilhou como trabalhadora agrícola, mantendo os alimentos em ótimos níveis de conservação; igualmente, destacou-se como dona de casa, cumprindo os deveres importantes; ainda, como mãe zelosa, carregando os filhos às costas na labuta do campo e amamentando-os com carinho e atenção. E não ficou por aí: mulher andeja – buscava água nas fontes disponíveis e atendia a seu macho nos momentos de ímpeto sexual. Em nenhuma ocasião, afastou-se ou desconsiderou seu ofício. Fêmea sensual. Trabalhadora incansável. Mãe exuberante. Representou, por certo, um bem a ser cobiçado. A poligamia transmudou-se em um escudo de riqueza. Um *status* perseguido com fins de poder e utilidade. É bastante provocativo o caráter desse ângulo: reverte a dimensão poligâmica menos à esfera da sexualidade do que à aspiração a suportes econômicos. Uma versão original que ultrapassa a simples fronteira do prazer libidinoso para escalar o patamar econômico, de extrema valia aos povos primitivos, historicamente vulneráveis à trajetória da subsistência.

> A poligamia não corresponde entre os selvagens que a praticam – incluídos nesse número os que povoavam o Brasil – apenas ao desejo sexual, tão difícil de satisfazer no homem com a posse de uma só mulher; corresponde também ao interesse econômico de cercar-se o caçador, o pescador ou o guerreiro dos valores econômicos vivos, criadores que as mulheres representam (Freyre, 1966, p. 128).

Dessa interpretação assomam conceitos novos que interferem na dinâmica da economia e da sexualidade. Mais mulheres, maiores as possibilidades de uma ordenação compatível com o êxito da sobrevivência. A poligamia significou acréscimo de recursos disponíveis, ao distinguir a mulher como a grande ferramenta do sistema social. Para além do desejo sexual, traduziu a necessidade do braço feminino na sedimentação do circuito doméstico e produtivo. A ótica descrita enseja uma singular concepção: a de assinalar a população feminina como peça primeira da engrenagem indígena, indo ao extremo de desmistificar a ênfase sexual na ode da poligamia. Razões outras, superiores às sexuais, associaram-se.

O fenômeno, até então analisado por entre matizes unilineares, sinaliza agora acepções polivalentes. O desejo sexual do modelo poligâmico não foi negado; acrescentou-se-lhe a moldura econômica, construindo um desenho com feições específicas. Importante frisar que a poligamia existe com razoável freqüência nos povos primitivos, não tendo sido apanágio exclusivo dos nossos nativos.

A forma organizacional das relações familiares, no contexto dos grupos de economia de pequena escala, mostra-se diferente, o que não me permite atribuir-lhe juízo de valor. Que fique claro esse tópico da maior relevância para a compreensão de viveres e fazeres peculiares. O rendilhado sociológico adquire dimensões de pragmatismo, melhor dizendo, adapta-se a uma sociedade cuja práxis reivindica uma contribuição coletiva direcionada ao bem-estar da comunidade. Essa coerência grupal aponta quase que exclusivamente para a luta da sobrevivência e, por efeito, exalta valores opostos aos esboços ocidentais; poderá suscitar uma complicada decodificação para os preceitos supostamente civilizados. Mas carimba uma perfeita sintonia no mundo indígena. Logo, agrega a "funcionalidade" como mola precípua ao continuísmo tribal. A monogamia jamais referendou, entre os ameríndios, um emblema a ser seguido. Ao contrário, a "troca de mulheres", item realçado por Lévi-Strauss, calçou o contexto nativo como ponto seminal da concepção cognitiva. Dito isso, há que se dilatar os meandros da percepção.

Em razão de máximas menos sexuais que econômicas, um número avantajado de mulheres rendia, pois, maiores dividendos. O homem fez de seu harém um rentável anel de produção: filhos, mão-de-obra gratuita, atendimento assistencial garantido... O trabalho feminino indígena argüiu-se de preciosos adereços: responsabilizou-se pela ordem social das tabas, o que quer dizer, pelo equilíbrio estrutural da aldeia.

> [...] Vê-se que para a mulher tupi a vida de casada era de contínuo trabalho: com os filhos, com o marido, com a cozinha, com os roçados. [...] Mesmo grávida a mulher índia mantinha-se ativa dentro e fora de casa, apenas deixando de carregar às costas os volumes extremamente pesados. Mãe, acrescentava às suas muitas funções a de tornar-se uma espécie de berço ambulante da criança (Freyre, 1966, p. 132).

Além de bem econômico, a índia não se esquivou do pesado exercício de ser mãe. A maternagem foi exercida com nula consciência de um distintivo unilateral. Aliás, o conceito de maternagem, na sociedade ocidental, tem grande respaldo no sistema cultural, que o exercita com adestramento, de modo a arrefecer os deveres da paternagem.

A maternagem pode resvalar num instrumento coercitivo da sociedade (veja Badinter, 1985). Distinga-se maternidade de maternagem. São conceitos diferentes. O primeiro liga-se ao ato de conceber e de gerar o filho; o segundo filia-se ao exercício dessa maternidade – pós-nascimento –, que se modela, na maioria das vezes, em argumentos vitaliciamente culturais.

Com o papel de mantenedora de cultura, valor econômico indiscutível, elemento fundamental no aparato indígena, a mulher recebeu uma sobrecarga maior que a do homem.

> Entre os seus era a mulher índia o principal valor econômico e técnico. Um pouco besta de carga e um pouco escrava do homem. Mas superior a ele na capacidade de utilizar as cousas e de produzir o necessário à vida e ao conforto comuns (Freyre, 1966, p. 128).

O masculino reinou qual grande parasita beneficiado pelo sistema, a sugar os favores da natureza. Esgueirou-se por entre terrenos desconhecidos, sempre disposto a produzir inusitadas sensações. O nomadismo encerra a verdadeira ideologia do homem ameríndio, apegado ao fascínio das circunstâncias excêntricas e passageiras. Incorporou ele, indígena, excepcionais predisposições para os acontecimentos esporádicos, fugindo de tudo que evocasse imagens rotineiras. A possível invariabilidade do dia-a-dia escapou-lhe dos ombros ao proclamar-se adepto de situações imprevisíveis. O eito lhe trouxe repúdio por enaltecer mecanismos de repetição. Que a cada alvorada se anunciassem freqüentes reviravoltas. Ocupações "estáticas" foram, todas elas, desprezadas pelo autóctone. "A enxada é que não se firmou nunca na mão do índio nem do mameluco; nem o seu pé de nômade se fixou nunca em pé-de-boi paciente e sólido." (Freyre, 1966, p. 105)

Ao homem desertaram-lhe virtudes simétricas. A enxada e o trabalho da cana disseram-lhe de condições inaceitáveis. Do seu lastro experimental, apenas repassou a técnica da *coivara*; talvez a única contribuição agrícola do nativo acatada pelo europeu, e este se mostrou insensível aos desastres ecológicos porventura provenientes da referida prática. Na verdade, o mundo rural nordestino ainda não se libertou por completo de tamanho estrago; continua fazendo uso da mesma e nociva receita, reconhecidamente devastadora se utilizada na concepção das queimadas imediatistas e incendiárias.

> Sabe-se o que era a mata do Nordeste, antes da monocultura da cana: um arvoredo "tanto e tamanho e tão basto e de tantas prumagens que não podia homem dar conta". O canavial desvirginou todo esse mato grosso do modo mais cru: pela queimada. A fogo é que foram se abrindo no mato virgem os claros por onde se estendem o canavial civilizador mas ao mesmo tempo devastador (Freyre, 1985, p. 45).

O fogo destruiu o húmus, empobreceu a terra, tornando-a infértil. O emprego constante da queimada transfigurou a paisagem da Zona da Mata em ossos de floresta, um verdadeiro cemitério de folhas mortas. É comum, e igualmente lamentável, o registro de pequenos incêndios no vasto canavial do massapê. Costume que, sem dúvida, arrecadou males incontáveis ao ecossistema da região do açúcar. Pena que esse hábito – nada louvável – tenha sido tão bem acolhido pelo lusitano. "Do indígena quase que só aproveitou a colonização agrária no Brasil o processo da 'coivara', que infelizmente viria a empolgar por completo a agricultura colonial." (Freyre, 1966, p. 106)

Sem grandes dotes para gerenciar a própria vida, o índio cercou-se de regalias que lhe abonaram o prazer da aventura. Hábil, habilíssimo na capacidade de alimentar o que lhe era agradável, não abriu mão do ir e vir da atividade que lhe comprazia. Mas garantiu a veia excêntrica ao assediar-se de *mulheres-bens*, essas capazes de lhe proporcionar raízes frondosas de sustentação. A poligamia simbolizou uma sofisticada faísca da inteligência indígena. Se a liberdade reclamava direitos especiais, que eles fossem pressurosamente assegurados. E assim fez. Engendrou a trama social de modo a respirar o sumo da sua vontade.

Apegado à lógica da aventura, o macho indígena foi esperto ao agregar para si um maior número possível de mulheres legitimadas pela norma social e sexual da poligamia. Não elegeu a clandestinidade no jogo do sexo; "legalizou" a situação de polígamo, desfrutando de posições privilegiadas, como a de veicular, com sabedoria, a *instituição do harém*. Astúcia que conjugou às vantagens da exploração lucrativa. A mulher acabou por compendiar o gozo sexual e o bem economicamente adquirido. Caminho de produção e reprodução.

Couvade & baito

    Em uma cultura onde o feminino é exaltado, porém não aplaudido de maneira explícita, nada mais natural do que o reconhecimento silencioso dos seus valores. A sociedade indígena do Brasil Colônia "preconizou" a imagem da mulher, afidalgando-a subliminarmente como a veia troncular da tessitura social. As reverências, todavia, foram indiretas; jamais postuladas em diáfanas exibições.

    Talvez, por isso – com base numa interpretação dedutiva –, pajés, curandeiros, conselheiros deveriam feminilizar-se a fim de adquirir a força substantiva de um coletivo particularizado em laivos femininos. Na verdade, deveriam acatar a intuição da mulher, muito mais perspicaz e matreira na absorção do derredor. Havia uma expectativa nesse sentido. Os chefes da tribo, os grandes paladinos da mensagem dos deuses, os "legisladores" do grupo, deles se aguardavam dimensões mágicas, e até comportamentos desviantes do seu "gene" masculino. Tal fato denotava uma maior flexibilidade cultural e, especificamente, uma "adesão" ao figurino cognitivo da mulher.

    De forma inconsciente, o imaginário masculino do índio pareceu se harmonizar com as cores do sexo "frágil" quando aceitou e permitiu a "louvação" de ícones femininos. A bissexualidade, o homossexualismo e a efeminização demonstraram tendências de uma sociedade receptiva ao desenvolvimento dessas características. Se, na escala do cotidianamente útil, o feminino se destacava na ordenação das tarefas regulares, evidenciou-se a legitimação de uma comunidade enraizada sob os seus apelos.

    Há, entretanto, de se ressaltar a imensa contradição. A mulher é "venerada" pela imanente aptidão de haurir – com sensibilidade – os fenômenos circundantes. Exaltam-se suas excepcionais qualidades. Mas, cuidado! Nada de exageros. O mundo é do homem. A dúbia premissa deve se transformar apenas num sofisma, de fácil demolição, a desabar diante do mais tênue ato especulador. Basta atentar para as regras da hierarquia. Não existiam mulheres pajés. Havia pajés efeminados, do que se conclui que a proximidade com o feminino é meritória, mas é preciso, antes de mais nada, ser homem para ocupar *status* privilegiado. Homem com ademanes femíneos. Com maneirismos adocicados. Com intuição acurada. Mas homem. O postulado indica formas discriminadoras: sociedades que, não obstante "consagrarem" as virtudes da mulher, preferiram render-lhe "solenes" homenagens sob a túnica da glorificação implícita. A aclamação aos machos efeminados deu-se, pois, consensualmente.

> Quanto aos pajés, é provável que fossem daquele tipo de homens efeminados ou invertidos que a maior parte dos indígenas da América antes respeitavam e temiam do que desprezavam ou abominavam. [...] A verdade é que para mãos de indivíduos bissexuais ou bissexualizados pela idade resvalavam em geral os poderes e funções de místicos, de curandeiros, pajés, conselheiros, entre várias tribos americanas (Freyre, 1966, p. 129).

Homens com predisposições ao sexo oposto. Não mulheres exacerbadamente femininas. A colocação é clara. Que se proclame o feminino, mas em corpo de homem. Qualquer confusão poderá provocar indesejadas distorções à "política" de gênero. E essa política já é por demais sacramentada para se sujeitar a novas abordagens. Se o mundo funciona assim, que continue. Não importa se bom para uns ou mau para outros. Que os menos agraciados se acostumem à humilhação de se tornarem excluídos do enredo sociológico. O dualismo é inevitável na grelha maniqueísta. O melhor é aceitá-lo sem questionamentos, pois a inclusão de controvérsias em nada irá ajudar a urdidura comunitária.

A *couvade* sugere um critério de interpretação bissexual que se afina com o modelo acima exposto: o masculino incorporado ao papel do feminino pós-parto. Fenômeno revelador de uma apetência à bissexualidade quando outorga ao homem direitos legítimos de ser mulher, não sendo necessário, nesses momentos, esconder ou manipular o desejo, agora plenamente reconhecido pela comunidade – o anseio de ser mulher. Anseio apenas. Somente concretizado na respeitada instituição da *couvade*. Haverá forma mais apropriada de validar o desejo? A maternidade, por si só, já sacraliza o instinto de perpetuação. Por trás da maternidade, o homem se disfarça e homologa, com distintivos singulares, a sua inserção na *mise-en-scène* feminina: ser mulher com vestes de homem e com o manto simbólico da maternidade. Não há ocasião melhor ao elogio da bissexualidade. Tudo muito bem orquestrado para que os impulsos psicológicos vinguem sem prejuízo para ninguém. Mascarados na medida certa e na hora certa. Quem duvidará da habilidade dos silvícolas?

> Os efeminados, pelo seu prestígio através das práticas de magia sexual – atividade dominada por eles entre várias tribos – teriam sido os iniciadores da *couvade* – complexo de cultura em que são tantas as evidências do mecanismo de compensação de que se serve o invertido: o repouso, o resguardo, a dieta, a identificação do homem com a mulher. Porque em geral eram os dois que ficavam de resguardo e de dieta, e não o homem só, como de ordinário se pensa (Freyre, 1966, p. 130).

A *couvade* tem a função de aprovar socialmente condutas efeminadas em machos que vivenciam a paternidade, predeterminando na consciência coletiva o acolhimento "oficial" de traços estranhos ao perfil de homem. Mas traços amplamente cobiçados, que recebem, agora, a bênção da sociedade. Com a *couvade*, o feminino no homem adquire o respaldo necessário à sua ostentação. Torna-se, por conseguinte, um canal digno de exaltar o lado feminino sem manchar a respeitabilidade de macho. Mulher por uns dias, pulsões inconscientes satisfeitas dentro da melhor encenação possível. Sem arranhões ou desgastes, o homem compraz-se de uma feminilidade até então escondida na sua máscula personagem.

Em paralelo à instituição da *couvade*, há que se registrar a existência de sociedades secretas, os chamados *baito*: espécie de maçonaria franqueada aos meninos e adolescentes com o propósito de iniciá-los na prática da virilidade mediante severas provas físicas, um verdadeiro campeonato de emulação de forças. O pior é que todo esse aprendizado se movia na direção da supervalorização dos homens. Aprendiam eles a endurecer a visão de masculinidade, tendo como contraponto o aumento da distância entre um sexo e outro. Conceitos desdenhosos eram hiepertrofiados, a ponto de vedar-se à mulher a sua entrada nesses clubes com o fim de evitar contaminações prejudiciais ao andamento das normas internas.

> A segregação do menino, uma vez atingida a puberdade, nos clubes ou casas secretas dos homens, chamadas *baito* entre as tribos do Brasil Central, parece que visava assegurar ao sexo masculino o domínio sobre o feminino: educar o adolescente para exercer esse domínio. Eram casas vedadas às mulheres (a não ser as velhas, masculinizadas ou dessexualizadas pela idade) e aos meninos, antes de iniciados (Freyre, 1966, p. 131).

Os *baito* representavam, para a filosofia indígena, o maior rito de passagem aplicado ao mundo masculino – exercício sistemático demonstrativo de heroísmo. Um culto institucionalizado na defesa da bravura, a imprimir nos jovens o caráter de ascendência e autoridade, isto é, de poder. As visões dicotômicas do grupo ameríndio revelam-se instigantes. Se, por um lado, a cultura "reverencia" o feminino, por outro, ela se apóia no aparato machista para açular atos de valentia masculina. Coragem e isolamento, um frontispício protetor que separava os sexos visando robustecer um e enfraquecer o outro. Ao anular diálogos, confissões, cumplicidades com o segmento feminino, os homens se entronizavam em clausuras mentais, de natureza seguramente viris. Instalava-se e apregoava-se a dupla cosmologia: a do homem e a da mulher. O desprezo pelos pontos de intersecção afiançou uma marca de intolerância entre os nossos silvícolas.

Os eufemismos culturais utilizados na preservação da imagem do homem levam a crer que a admiração pelo feminino não deve ser ovacionada, menos ainda coletivamente reconhecida. Nota-se a preocupação de nublar a força da mulher por meio de sofisticados elementos que subsidiam as relações de gênero, dualizando-as em categorias opostas. Admite-se o lado perceptivo e intuitivo da mulher. Mas só. Relativizar o fenômeno transforma-se numa premissa indispensável. Essa relativização permite indicar ao homem virtudes originariamente femininas, que, destarte, ganham aportes triunfalistas em mãos masculinas, isto é, em parâmetros hierarquicamente validados. Pajés, curandeiros, místicos se locupletaram de feminilidades que não lhes ofuscaram, todavia, o brilho de macho.

Para tanto, os *baito* conjugavam circunstâncias altamente favoráveis ao continuísmo da superioridade do homem. Neles circundavam mistérios que reclamavam sigilos somente desvendáveis para os homens. Às mulheres coube a vergonha da proibição de visitá-los porque eternamente resguardados de olhos alienígenas, sobretudo de olhos desprestigiados no contexto comunitário. Mais ainda: gaitas e maracás ali eram guardados e o fantasma de apenas ouvi-los poderia significar para o sexo feminino a sentença de morte. Com tal carga premonitória, fugir dos *baito* dizia de uma sensata e prudente atitude para a indígena.

O feminino não mereceu destaque social; ademais, esse feminino absorvia poderes estranhos – como o da maternidade, o da menstruação, o da menopausa –, jamais traduzidos pelo universo do macho autóctone e, por isso mesmo, considerados apensos de bruxaria. Mulher bruxa é um clichê que serve de alimento a fábulas e mais fábulas. Suas idiossincráticas raízes abastecem generosamente o imaginário do mundo ocidental. Ressalte-se que a figura da bruxa alberga estereótipos de malignidade. Bruxa e feiticeira são sinônimos de coisa ruim, maléfica, agourenta. Porém bruxo e feiticeiro equivalem, para os grupos indígenas, a personagens especiais, contemplados com dons divinatórios, oráculos de sabedoria, mensageiros celestiais. As diferenças denunciam a bipolaridade de conceitualizações. Mulheres feiticeiras, homens feiticeiros, igual a mulheres malfeitoras, homens benfazejos.

Os duendes, egressos da imagem feminina, refletem a necessidade do social em esquadrinhar desenhos extraídos dos porões do absurdo, com apurados requintes de perversidade. Fuxicarias, bisbilhotices, assombrações, ou seja, subterrâneos de uma mentalidade quase pré-lógica. Alguns exemplos facilitam a compreensão: madrasta, sogra, bruxa. Adicionar, pois, mais lenha à fogueira não foi difícil nem para os nativos nem para os civilizados. Nesse aspecto, pode-se chamar a atenção para a singularidade de certas analogias que acabam por sintetizar a mesma idealização da mulher.

Os *baito* avigoravam a natureza do homem, exortando a sua superlatividade. Tudo indica que exerceram a contento os seus propósitos. De lá, os jovens saíam prontos para enfrentar a fúria de feiticeiras, bruxas ou, simplesmente, de mulheres desprotegidas.

Antropologicamente falando, orlaram-se de uma simbologia importante. Como ponto de partida, detona-se a transição da infância à maturidade sexual e, como ponto de chegada, firma-se a subscrição pública do *status* masculino. Transição de menino à condição de púbere; aprovação e reconhecimento da sociedade à altivez do macho, agora homem institucionalmente referendado; clímax de virilidade; demonstração do tornar-se *senhor*.

Margareth Mead mostra que essas casas secretas de iniciação masculina – comuns às sociedades primitivas – evidenciam a necessidade de cunhar no corpo o rito de passagem do menino para o macho. Uma espécie de ferramenta de que o homem precisa para assegurar biologicamente sua identidade de gênero. Tudo isso ocorre por uma razão muito simples: não existe no desenvolvimento sexual do homem um momento conotativo de "confissão" de masculinidade. O processo biológico se dá mediante um fio condutor gradual, sem fronteiras rígidas de demarcação. A mulher, com a menarca, ritualiza a travessia a partir de um fato orgânico, isento de dúvidas.

O certo é que, para o feminino, prescindem-se de casas especiais de treinamento de sexualidade. No homem, esses abrigos substituem o fato biológico ao marcar a "ferro" e "fogo" normas bem prescritas e severas. Uma dura e desastrosa competição entre meninos-adolescentes instados ao espetáculo da destreza, da coragem e da valentia – diretrizes peculiares à estereotipia de ser macho. Associado à questão biológica, há que se ressaltar o aspecto coativo que vem praticamente ignorando ou, no mínimo, procurando ignorar – pelo menos em tempos do passado – a sexualidade feminina em nome de uma sublimação perfeccionista, haurida de uma anacrônica concepção de mulher.

Os clubes secretos tinham também o objetivo de culturalizar a supremacia do homem. Ensinar-lhe o quanto o jeito másculo carrega uma hegemonia que não deve ser esquecida a bem da sua conservação. Para isso não bastavam as regras da sociedade, já por si monolíticas; fazia-se conveniente empenhar-lhe pelos ouvidos a autonomia do seu ego, de modo que garanta e assegure o pressuposto hierárquico de um mando incontestável. Esforços não foram poupados. A bandeira da masculinidade precisava ser hasteada com ricas homenagens. Imperava, portanto, uma atitude de estranhamento pelo sexo eleito como menor. Um descaso que a coletividade acumpliciou em prol da ordem masculina e machista, embora as tinturas femininas fossem exaltadas em machos efeminados. Mas machos de posse da genitália peniana.

Não se podem nem se devem endereçar as interpretações apenas por um único ângulo. Faz-se relevante interagir a realidade biocultural e abraçar razões múltiplas para abordagens que não são seguramente simples. A sexualidade sempre constituiu um tabu que todos temeram e ainda temem. A faísca da libido sugere cuidados a mais, uma vez que encerra reservas indiscutíveis. A cautela e a ponderação são atitudes preliminares na compreensão de qualquer fenômeno, sobretudo quando este agrega um feixe suculento de preconceitos.

Os *baito* ainda serviam para a guarda de instrumentos de música; e, sobretudo, para a prática de exercícios estimuladores da boa performance muscular e estética dos filiados. O desenvolvimento corporal correspondia a uma verdadeira lição técnica e moral do menino, no sentido de qualificá-lo no aprendizado de ser homem. Perseguidos os parâmetros selecionados pelo contexto ameríndio, deveria o púbere aperfeiçoar-se nos teares da caça, da pesca, da guerra, do canto e da música.

Saliente-se que essas sociedades secretas inflamavam o culto às tradições da tribo, onde aos mais velhos cabiam a doutrinação e o ensino dos princípios legalizadores do grupo. Por meio de jejuns, vigílias, privações, o menino–adolescente embebia-se dos preceitos máximos. Em contrapartida, faz-se oportuno indicar que não eram comuns castigos corporais dentro da estrutura da família nem rígida a autoridade materna ou paterna entre os autóctones brasileiros. De forma que os *baito* substituíam os papéis de pais e mães com grandes benefícios para as relações filiais. Um procedimento inteligente, desmistificador de traumas e mágoas intrafamiliares. A repressão, assim sendo, deslocava-se do nicho doméstico para o espaço público, preservando, com sábia mestria, a liderança pai–mãe. Que a Rua e a Praça se encarregassem de punições. O Jardim e a Casa sintetizavam a tranqüilidade do lar, por entre figuras freudianamente bem elaboradas.

Ao agrupar duas instituições que provocam fundos reflexos sociossexuais, objetivei clarear a complexidade que brota da cosmovisão da população indígena. Aliás, o pensamento primitivo pode parecer simplório em suas evidências, mas, na realidade, reveste-se de uma habilidosa seqüência, principalmente quando enfocado em razão de referenciais míticos e mágicos. Os *baito* alardeavam explícitas características masculinas, ninguém duvida, mas a elas "estranhamente" acoplavam-se excertos homossexuais. Sua prática aconteceu com relativa assiduidade, o que não deixa de ser uma maneira – talvez sutil – de trazer à tona vestígios femininos.

> [...] A verdade é que entre os ameríndios se praticava a pederastia sem ser por escassez ou privação de mulher. Quando muito pela influência social da segregação ou do internato dos mancebos nas casas secretas dos homens (Freyre, 1966, p. 131).

De um modo ou de outro, a sociedade indígena anuiu formas de sexualidade mais permissivas ao construir modelos aparentemente liberais de conduta. Perfis comportamentais, entretanto, que deveriam ser aprovados socialmente. Repletos de estereótipos masculinos, com o consentimento à prática da homomixia, os *baito* atestavam um viés social importante: o de possibilitar ao imaginário coletivo um canal de expressão. Fazendo apologia ao macho, fotografavam a sociedade em sua diacronia circunstancial e evidenciavam o intuito de abafar os anseios e as possibilidades femininas, evitando a qualquer custo sua possível escalada no poder institucional da tribo. Consubstanciaram, por fim, um exercício legal de aprendizado, merecedor de atenção, como se o trânsito da socialização informal não bastasse para definir isoladamente identidades masculinas.

O mesmo homem que vai ao *baito* praticará a *couvade* posteriormente. Uma sociedade rastreada em dicotomias, já se vê, o que não a impede, entretanto, de fabricar mimetismos sexuais instigadores de uma maior proximidade entre os sexos.

O ser homem e o ser mulher no Brasil indígena do século XVI não constituíram pólos diametralmente opostos no que tange às características físicas. Estiveram mais próximos do que distantes. Homens e mulheres se assemelharam em seus biótipos. Provavelmente, o trabalho agrícola, o carregar os filhos às costas, a luta doméstica no prover o lar concorreram para masculinizar fisicamente a mulher ou para dotá-la de uma aparente virilidade – certa unificação de estilos. As mulheres, ao se parecerem esteticamente com os homens, dirimiam os conflitos porque, no íntimo, acabavam por cotejar-se em análogos padrões tipológicos. Se o homem ratificava cotidianamente sua supremacia, evocar-lhe imagens físicas era um ato de elevação social.

De qualquer maneira, é bom que se diga: a indígena não perdeu a sua sedução aos olhos do português, o que atenua esse possível mimetismo viril. Talvez a agudeza no arranjo da trama cultural tenha-lhe ofertado lucros significativos no realce da sexualidade, sempre um jogo magnanimamente aliciante. As nativas não ostentavam as decantadas posturas femininas dos figurinos ocidentais. Eram desprovidas de curvas acentuadas – ancas pequenas, seios infantis, cinturas largas –, modulando-se anatomicamente em marcos de beleza estranhos à expectativa européia. O exotismo representou a senha infalível da atração do colono. Índias, com charme próprio e viço da natureza; despidas das máscaras estetizantes dos salões da velha Europa. Em estado puro: corporal e espiritual.

As diferenças, mais que biológicas, adubavam as dicotomias, apesar de permitirem fluir, por entre mecanismos subjacentes, o valor do feminino. As semelhanças, por vezes, escondem certos temores que podem servir de ilusionismo a um universo que encimou o masculino, porém jamais encobriu os vértices – assustadoramente factíveis – da influência da mulher na cena tribal.

Família, sifilização e desagregação dos valores autóctones

Que se adote, como esquema básico, a dimensão científica de cultura: não existe, antropologicamente falando, uma escala piramidal de culturas. Há culturas, entretanto, com técnicas avançadas, e essas tendem a sobrepujar-se na medida em que, ao alcançar estágios mais elevados, impõem seus paradigmas, ratificando a soberania do mais forte. No Brasil, o processo aconteceu dentro do previsto.

O colonizador deparou-se com uma população despreparada para receber a civilização ocidental e igualmente despreparada para enfrentar sua superioridade tecnológica. Ocorreu o desmonte da cultura autóctone pela européia. Dada a "solidez" do conjunto lusitano, a infiltração de novos costumes e hábitos foi gerando um quadro dissolvente no que remete à anulação do "antigo" pelo "civilizado".

> Com a intrusão européia desorganiza-se entre os indígenas da América a vida social e econômica; desfaz-se o equilíbrio nas relações do homem com o meio físico. Principia a degradação da raça atrasada ao contato da adiantada (Freyre, 1966, p. 99).

Tais recursos foram avantajados na mão dos portugueses e dos jesuítas. O hiato entre o nativo e o invasor se espargia em diversidades tão evidentes que não tardou a implantação de formas discricionárias de mando. A par do autoritarismo, aliaram-se vetores persuasivos. A esperteza do europeu, em contraste com a ingenuidade do indígena, nivelou-se em graus discrepantes. Uns, com muito a oferecer; outros, com pouco ou nada.

A mística primitiva expunha valores quase ininteligíveis se analisada sob o viés da cosmovisão européia. E sua textura sociológica incomodava. A moral jesuítica não perdoou o emaranhado de "regras" incompreensíveis e até repugnantes para quem se imbui de emblemas etnocêntricos. Todos os elementos foram, pois, canalizados para a reformulação de uma ética de aparências erráticas. Não houve tolerância, menos ainda admiração pelo viver dos pobres aborígenes.

Os jesuítas agiram em nome do hagiológio cristão e remexeram em seculares valores que coexistiam solidamente no Brasil pré-colonizado. A começar pela sexualidade, tudo foi escarafunchado.

Monogamia, fidelidade, aborto, paternidade não se distinguiam como conceitos adotados, uma vez que a sociedade sedimentava-se em dimensões além ou aquém dessas categorias. O cenário delineava-se por demais promíscuo para ser acolhido pelos padres da Companhia de Jesus, tão santificados em anódinos purismos. Injeções moralizantes foram de pronto aplicadas com a finalidade de erradicar terríveis manchas de pecado. O diabo parecia solto nas terras do pau-brasil. Urgia exorcizar os maus espíritos. Do contrário, as chamas dilacerantes do inferno requeimariam em almas penadas, vítimas de uma correnteza sem freios.

Quantas almas penadas andaram neste Brasil afora!? O remédio tinha que ser forte para curar doenças malignas. E foram demasiadamente fortes. Letais. Uma assepsia demolidora. A vértebra da cultura indígena sofreu desvios profundos e irreversíveis. A estrutura de família perdeu seu tálamo para adquirir verdadeiras deformações com a inserção de "leis" normatizadoras que arruinaram os padrões da mentalidade nativa. O leque familiar adicionou uma série de impedimentos que inverteram a ordem existente, desestabilizando o nervo central do opus doméstico. "Organizou-se uma sociedade cristã na superestrutura, com a mulher indígena recém-batizada, por esposa e mãe de família..." (Freyre, 1966, p. 102)

Não se podem vasculhar valores com ímpetos de imediatismo. Há de se ter o mínimo de brandura no trato da alma humana. As mudanças devem trilhar níveis de equilíbrio para que o processo de internalização aconteça sem drásticas rupturas. Ao largo de pulsões introspectivas, não há mudança. Demais, que pecados eram esses tão truculentos na sua natureza malévola? As respostas serão desnecessárias. Assim, com a avalanche dos novos postulados, a família indígena desbaratou-se em abismos de incoerência, no momento em que a ética jesuítica desferiu golpes estranhos, mediante simbólicas cerimônias de esconjuração. Os novos ritos serviram menos para limar "defeitos" que para dissolver valores. Virgindade, fidelidade, monogamia, monoteísmo foram preceitos impostos, com os quais os indígenas não estavam habituados a conviver.

> Por onde se vê que o sistema jesuítico de catequese e civilização impondo uma nova moral de família aos indígenas sem antes lançar uma permanente base econômica, fez trabalho artificial, incapaz de sobreviver ao ambiente de estufa das missões; e concorreu poderosamente para a

degradação da raça que pretendeu salvar. Para o despovoamento do Brasil de sua gente autóctone (Freyre, 1966, p. 168).

Sem base econômica, sem internalização de valores, sem a compreensão dos recentes hábitos e crenças, a saúde mental se abalou e a desestabilização psíquica detonou como resultado inevitável. Provém da influência jesuítica a prática do aborto em mulheres indígenas, conflituadas diante dos critérios de paternidade, isto é, alarmadas com os preciosismos da fidelidade católica. O adultério não consistia em dilema para a cunhã. A moral cristã preconizou uma carga por demais pesada aos suportes psicológicos da mente nativa.

Evidencie-se, como dado da maior significação, que a noção de transcendência do indígena se fazia por entre atitudes animistas e fetichistas; os deuses, múltiplos deuses, habitavam um céu politeísta. Impossível impingir um padrão oposto, tão ortodoxamente sectário, sem que dele redundassem fortes ambivalências. As contradições venceram o consenso indígena.

> Considerando o choque das duas culturas, a européia e a ameríndia, do ponto de vista da formação social da família brasileira – em que predominaria a moral européia e católica – não nos esqueçamos, entretanto, de atentar no que foi para o indígena, e do ponto de vista de sua cultura, o contato com o europeu. Contato dissolvente. [...] Mesmo que se salvem formas ou acessórios de cultura, perde-se o que Pitt-Rivers considera o potencial, isto é, a capacidade construtora da cultura, o seu *élan*, o seu ritmo (Freyre, 1966, p. 119-20).

Conspurcado o *élan*, e fragmentado o potencial propulsor da cultura, atingir-se-ia em cheio o cerne da mentalidade em vigência. O jesuíta foi responsável por uma fatia alentada de desagregação moral-ética do nativo. Arruinou-lhe o círculo da vida ao definir um mundo que ele, inaciano, concebeu com recursos eurocêntricos. Dissecou o espírito de "natureza" da vida nas tabas, fomentando noções de culpabilidade. Manobras perturbadoras fortaleceram o estado de tristeza proveniente da engrenagem artificial, cunhada em carbureto. Tudo parecia deslizar na afetada *síndrome da estufa*. Apelos até então isentos de qualquer malícia foram desvirtuados.

Não se pode minimizar, entretanto, o austero caminho percorrido pelos padres. Afinal, a sua determinação se inventariava em nobres objetivos:

cristianizar. Nessa trilha, não estiveram sós os militantes de Santo Inácio de Loyola. O português ajudou na implantação de uma "histriônica" cosmovisão. Entende-se que não era fácil para o europeu esposar as causas indígenas. Muito menos, sendo ele um colonizador ávido – como todos os colonizadores – por civilizar, o mais depressa possível, terras primitivas e, *a priori*, condenadas ao infortúnio da derrota. Assim, responsabilizou-se, em parte, pela disgenia do nativo, transmitindo-lhe doenças e interferindo em seu metabolismo, mediante alterações no sistema de alimentação, além de desarmonizar a estável relação homem-meio ambiente. Tais discrepâncias são atribuídas ao português leigo, pelo que se deduz da ampla ação intervencionista.

Ao alterar o sistema de trabalho e alimentação do indígena, os portugueses destroçaram raízes então consolidadas no desenvolvimento da população. E não só: desarticularam o sistema psicológico; provocaram desvios fisiológicos; introduziram enfermidades, muitas delas de graves conseqüências. O contato com bactérias estranhas ao organismo acarretou sérios problemas de epidemias, algumas determinantes de baixas demográficas. Exemplificando: um simples resfriado poderia levar à morte.

A colonização, como se pode depurar, trouxe onerosas respostas à gente autóctone. Desfibrou-a no que havia de mais verdadeiro. Pena que os jesuítas, no afã de cristianizar, não perceberam sequer o mal que estavam destilando. Abjurando dos pecados, renegaram a cultura e destruíram a balança do equilíbrio. A família arrefeceu-se num círculo de virtudes cristãs sem ter a menor consciência do que estava fazendo. As trincheiras se formaram sob o cerco de aldeias que se isolavam na construção das missões. E os padres acreditaram que as estufas religiosas higienizariam os "males" que assolavam a alma nativa.

Necessário apenas adotar a fé monoteísta e aceitar a liturgia católica como expressão de santidade. O resto se purificaria a partir da bênção inicial. Raciocínio alarmantemente redutor. Os indígenas assassinavam a cultura, mas se beatificavam na Santa Igreja, pensavam os jesuítas; quedavam-se, assim, sãos e salvos do demônio. O prêmio justificava os meios e os fins. Os fins se reverteriam em bens tão valiosos que qualquer sacrifício anularia as máculas do caminho. As promessas apontadas consubstanciariam o almejado Paraíso. Então a tarefa catequética dos padres da Companhia de Jesus cumpria-se à risca, sem qualquer esforço de adaptação ou transudação. A charada era simplicíssima. Aparentemente.

Desfibrados, os índios pereceram. Doenças e mais doenças. A sífilis, uma delas. A mulher, ao se entregar à fantasia do sexo, embriagava-se do mal de lues que rebentava num corpo ainda virgem de mazelas ocidentais. O lues percorreu, com sofreguidão, o sangue inocente de contaminações. Entrou no Brasil sem pedir licença; primeiramente, no corpo da índia, retirando-lhe a eugenia física e mental. Depois, alastrou-se em outros corpos.

Não bastasse a ação pérfida da sifilização, os jesuítas encetaram rudimentos culturais incompatíveis com a vocação naturalista da vida e da religião indígena. Em conseqüência, emergia o conceito do bem e do mal por meio de uma rede maniqueísta. Preceitos esdrúxulos, proibições aberrantes, mandamentos descabidos.

> Debaixo do ponto de vista da Igreja repetimos que é forçoso reconhecer terem os padres agido com heroísmo; com admirável firmeza na sua ortodoxia; com lealdade aos seus ideais. [...] Considerando-os porém sob outro critério – puros agentes europeus de desintegração de valores nativos – temos que concluir pela sua influência deletéria (Freyre, 1966, p. 121).

A ruptura da família trouxe para a mulher aborígine resultados desastrosos. A implantação de cânones intoxicados de ortodoxias ensejou-lhe perspectivas pouco alvissareiras. Era o bem se confrontando com o mal; era o pecado marcando o corpo; era a vida crepitando em moralidades oblíquas. E, assim, a mulher se viu fragmentada em escombros que começaram pela epiderme e terminaram na alma. Pouco restou de seu canto fescenino.

> O que se salvou dos indígenas no Brasil foi a despeito da influência jesuítica; pelo gosto dos padres não teria subsistido à conquista portuguesa senão aquela parte mole e vaga de cultura ameríndia por eles inteligentemente adaptada à teologia de Roma e à moral européia. Nem podia ser outra a sua orientação de bons e severos soldados da Igreja; tocados mais que quaisquer outros da vocação catequista e imperialista (Freyre, 1966, p. 121).

PARTE II

A Mulher Portuguesa em Tempos de Casa-grande

À mulher legítima tocava apenas parir e criar os filhos. E dessas mulheres de senhores de engenho cruéis pode-se dizer que algumas foram santas, embora no sentido brasileiro, e não rigorosamente litúrgico. A civilização do açúcar teve suas santas; suas mulheres, grandes sofredoras, que humilhadas, repugnadas, maltratadas criaram filhos numerosos, às vezes os seus e os das outras mulheres mais felizes que elas; cuidaram das feridas dos escravos; dos negros velhos; dos moradores doentes dos engenhos.

Gilberto Freyre

[...] Santo é que parece que o Nordeste do açúcar não deu nenhum. Os próprios filhos de senhores de engenho que iam estudar para padre levavam do canavial para o seminário um orgulho que nunca morria neles.

Gilberto Freyre

Resultado da ação persistente [do] sadismo, de conquistador sobre conquistado, de senhor sobre escravo, parece-nos o fato, ligado naturalmente à circunstância econômica da nossa formação patriarcal, da mulher ser tantas vezes no Brasil vítima inerme do domínio ou do abuso do homem; criatura reprimida sexual e socialmente dentro da sombra do pai ou do marido.

Gilberto Freyre

O "ISOLAMENTO ÁRABE"

A vida da mulher portuguesa, nas priscas eras coloniais, guardou-se sob a túnica do recato e da sujeição a uma ordem social que lhe soube impor conceitos de passividade, retraimento e reserva. Ao receber e introjetar valores virtuosos, a socialização fazia-se em base de referenciais opressores, com a supremacia do macho e a inferioridade do gênero oposto. A caminhada delineava-se à guisa do ideal de perfeição, no qual a solda da dicotomia serviu de esvaziamento à ideologia do sexo "frágil".

E o macho, por trás da sua onipotente virilidade, recorreu a instrumentos discricionários para exortar os ícones fabricados na construção social das dualidades. Reconhecidos pela sociedade, os dotes masculinos avocavam-se de vantagens e de lucros culturais. Um deles: isolar a mulher; freá-la nos impulsos; subordiná-la ao ostracismo. Abafada, não poderia falar, não poderia reagir, não poderia sequer clamar por justiça. Uma reclusão forçada que tinha como finalidade aumentar o fosso separatista entre o homem e a mulher. Um hiato quase intransponível, que fortalecia os ligames da ostensiva superioridade masculina. Assim, a mulher murchava escondida no seu silêncio histórico. No claustro do medo. No retiro da virtude. Nos labirintos sinuosos da escuridão.

O ritual da obediência se distendia por todas as horas. Durante o dia, a moça ou menina branca estava sujeita às vistas de pessoa mais velha ou da mucama de confiança. À noite, a vigilância aumentava. A dormida se dava quase em prisão espontânea, na alcova ou na camarinha, ao centro da casa, sob o resguardo dos mais velhos. "[A alcova ou a camarinha representava] mais uma prisão que aposento de gente livre. Espécie de quarto de doente grave que precisasse da vigília de todos." (Freyre, 1966, p. 364)

A disposição dos aposentos, na casa-grande, demonstra com clareza o retraimento exigido. Quartos escondidos, sem janelas arejadas com o fim de evitar ligações com a esfera além do doméstico. Uma arquitetura conventual, a recomendar requintes de reclusão. O que se almejava era exatamente o caráter de "encarceramento" no sentido metafórico da palavra. Talvez não tão metafórico quanto possa parecer. Que as medidas fossem tomadas para atalhar repreensíveis desregramentos. Seguindo os trâmites da reclusão, o cotidiano da adolescente portuguesa era um cotidiano sem cor – à espreita dos olhos de todos que circundassem a estrutura habitacional do engenho.

A casa-grande resumiu o universo que a mulher conheceu. Difícil para essa mulher libertar-se de suas grades, tão invisíveis quanto verdadeiras, ou melhor, explícitas demais para serem derrubadas. A própria circulação interna atendia à preservação da virgindade da sinhazinha, à decantada honestidade da sinhá-dona, à morosidade de uma rotina por demais privada.

Enclausurado em redomas simbólicas, o feminino compendiou, no panorama patriarcal, um dos segmentos mais abafados da cena açucareira. Quase sem direito a voz, muito menos a decisões, entregue à vontade dos outros, vivendo um *isolamento árabe* na sua ortodoxia ideológica e, principalmente, física.

> Da mulher-esposa, quando vivo ou ativo o marido, não se queria ouvir a voz na sala, entre conversas de homem, a não ser pedindo vestido novo, cantando modinha, rezando pelos homens; quase nunca aconselhando ou sugerindo o que quer que fosse de menos doméstico, de menos gracioso, de menos gentil; quase nunca metendo-se em assuntos de homem (Freyre, 1981a, p. 108).

Foram tantos os adereços que nublaram a realidade feminina, que não é de admirar o ofuscamento da personalidade, embora a sua presença tenha-se firmado ocultamente. Na sombra do esquecimento, as luzes se apagaram, não obstante a chama difusa e serena de alguns candelabros a reclamarem murmúrios de existência. Objeto de decoração de um cotidiano que se queria regulado por normas de pura aparência, astro sem brilho, porque se esgueirando por trás das máscaras da discrição excessiva, resguardou-se a mulher para o futuro igualmente delineado pelos asseclas do contorno patriarcal. Com todo um aparato de subalternidade, arrastou-se nos intermináveis corredores dos passos frustrados.

E a reclusão acompanhava o desenvolvimento biológico. Agudizavam-se os mecanismos repressores à medida que as etapas de vida se seqüenciavam. Poucas mulheres brancas tiveram oportunidade de resvalar em atos de aventura amorosa. Prevaricar, quem sabe? Não tiveram condições para tal.

> Objetar-se-á que o sexo é todo-poderoso quando desembestado; e não o negamos de modo algum. A dificuldade que reconhecemos é mais a física: a das grossas paredes, a dos verdadeiros ralos de convento em que, nas casas-grandes, se guardavam as sinhás-moças (Freyre, 1966, p. 364).

Chega-se, inclusive, a questionar: seria realmente a portuguesa tão virtuosa quanto a literatura o tem demonstrado, ou as circunstâncias exageradamente monásticas exigiram posturas conventuais? Na verdade, muito desta pureza advinha da impossibilidade física de ultrapassar os limites das grossas paredes da quadratura do engenho.

A prisão física denunciava outras prisões: a social, a cultural, a política. Um cárcere com objetivos claros: tornar a mulher alheia aos acontecimentos importantes. Era dever seu manter-se omissa, envolta nos estereótipos que a orbitavam. Vale uma indagação de grande pertinência: resignaram-se as mulheres, ou a força da situação condicionou atos de abnegação? O que fazer numa sociedade com andaimes tão masculinos e cada vez mais robustecidos pela dinâmica da centralidade? Mulheres que não gozavam de direito algum, a não ser o de mendigar um mínimo de espaço nos "subterrâneos simbólicos" da casa-grande. A renúncia surgia como uma face cruenta da realidade. As opções não existiam. O melhor era inteligentemente adequar-se à vida de acomodação que lhes era reservada. "Há forças suscetíveis de crescer indefinidamente, graças a essa modalidade do hábito que é a resignação." (Proust, 1992b, p. 176)

O mundo masculino apegava-se aos princípios que alimentavam a honra inviolada de um sexo arrogante e penianamente imperativo. A ordem deveria ser sustentada, custasse o que custasse. Para tanto, a mulher margeava uma civilização que nascia sob a égide do macho. E os controles se somavam à liturgia da dominação. Uma forma figurada de privilegiar anteparos para manter a sociedade alerta a qualquer gesto de transgressão. Conservando o segmento feminino afastado, o sistema assegurava sua engrenagem e, em consequência, subsidiava satisfatoriamente a lide do patriarca.

Das relações subjugadas emanavam respostas desconfortáveis. Não poderia ser de outra forma. Os tentáculos discricionários calçam uma série de incoerências, algumas de substantiva significação.

> Os oprimidos, contudo, acomodados e adaptados, "imersos" na própria engrenagem da estrutura dominadora, temem a liberdade, enquanto não se sentem capazes de correr o risco de assumi-la. [...] A pedagogia do oprimido, como pedagogia humanista e libertadora, terá dois momentos distintos. O primeiro, em que os oprimidos vão desvelando o mundo da opressão e vão comprometendo-se na práxis, com a sua transformação; o segundo, em que, transformada a realidade opressora, esta pedagogia deixa

de ser do oprimido e passa a ser a pedagogia dos homens em processo de permanente libertação (Freire, 1983, p. 35-36 e 44).

Enquanto a mulher estiver culturalmente aquém do homem, a humanidade não será humanidade e não poderá regozijar-se do emblema de igualdade entre os seres. Aliás, as discriminações não se movem apenas no farol das relações de gênero. Processam-se em várias dimensões e servem para reforçar mitos de superioridade e inferioridade, ao repelir as chamadas minorias sociológicas, reduzindo-as a parcelas insignificantes do contexto social. E a grandeza do ser perde-se em anódinos fragmentos de preconceitos. A humanidade só será dignamente humana quando as discriminações se anularem na substância da própria humanidade.

A mulher portuguesa viveu tão à margem da malha orgânica do engenho, que não foi a companheira ideal, falhando em muitos matizes da vida a dois. O comportamento não fugiu às expectativas. A reclusão acabou por criar-lhe um padrão de acídia diante dos excessos de escrúpulo que não lhe foram poupados. Atrelado a um mundo reduzido, parco em crescimento individual, o feminino nem sequer pôde bosquejar o desejo de um aprendizado educacional. Para que haja desejo, é preciso que estímulos se fortaleçam na elaboração de novas ressignificações. A mulher não recebeu instrução e deambulou na síndrome da ignorância. Acostumou-se ao ócio com tendência ao tédio. Não se refugiou em leituras, tampouco em escrita. Entre a cozinha e o quarto de dormir, realizou o percurso da inutilidade intelectual. E os homens se reservaram em um isolamento solitário por impossibilidade de interlocução. Partilha, nenhuma. Troca de idéias, idem. Um largo fosso de separação.

Nasceu, educou-se e viveu, a portuguesa, na salmoura da subserviência; conservou-se em banho-maria, afogada em suspiros reprimidos e antecipadamente rejeitados. Com a vontade violada, assemelhou-se a uma flor parida em estações indefinidas. Uma artificialização premeditada com fins de demolir transigências que pudessem nublar os horizontes masculinos. Gestou-se, pois, em redomas, cujos adubos eram específicos ao seu estado dissimulado. Ao derredor, patriarcas com preocupações claras: a produção do açúcar e a reprodução genética. Procriar no sentido econômico e biológico. Para tanto, nada melhor que modelar um ente amorfo, abúlico, sem personalidade própria; criatura fabricada por mãos alheias; ser de estufa, medularmente "postiço". Uma afetação concebida com fins sociologicamente explicáveis. "Esta artificialização, para fins de maior domínio social e de melhor gozo sexual do homem, realizou-se através de regime todo especial [...] de vida." (Freyre, 1966, p. 116)

Da virgem pálida, com jeito de doente, à adulta gorda, molenga, arruinada na auto-estima, tanto interior quanto estética, o destino assim se resumia. O trajeto era esse. A expectativa social sedimentava-se em âncoras artificiais que, apesar de astuciosas, foram muito bem acondicionadas na dublagem das necessidades. O que equivale a dizer que a carência se enfeitou de apensos naturais, ou seja, o artificial ganhou a dimensão que a sociedade almejou para uma durabilidade secular. Transformou-se em preceitos irrecusáveis.

O isolamento com o qual a mulher se viu obrigada a "venerar" ocasionou sérias conseqüências psíquicas: afastou-a da rede social e contribuiu para a "mansidão muçulmana", tão secularmente observada pelo mundo árabe feminino. Na sua clausura, recusou, de maneira involuntária, outras alternativas e aceitou os pressupostos que a instilaram. Pálida virgem à espera do casamento – frágil, fragílima, pronta para ser engavetada dentro do manto protetor do macho. Casada, o receituário estético modificava-se – mulher gorda, procriadora anual, barroca nas formas arredondadas.

A ratificar a filosofia da casa-grande, o objetivo de resguardar e "embrulhar" os seus habitantes imperou. A mulher talvez tenha sido o elemento mais sacrificado. Não só foi envelopada, mas, antes de tudo, custodiada por placentas uterinas. Protegida da ambiência externa. "Mas a essa mulher passiva, ante o marido, tocava a distinção de ser uma espécie de objeto quase religiosamente ornamental dentro da cultura de que fazia parte, especialmente como esposa e como mãe." (Freyre, 2002, p. 42)

Guardada em fortalezas babilônicas, debaixo do império de cimento e cal, acomodou-se em celas emblemáticas, sempre acompanhada por olhos vigilantes. Não havia momentos íntimos, a não ser o do leito nupcial. No mais, tudo era compartilhado, dissolvendo-se o caráter pessoal que viesse a lhe garantir fortalecimento interior.

A subalternidade feminina, albergada em celofane de proteção, vem de longe, atravessa mares, continentes, ilhas... Milênios vão se multiplicando por entre uma infância preconceituosa. Os valores se cristalizam e a educação formal recrudesce os conceitos, tão bem adormecidos na mente da menina. É a cultura agindo sobre o indivíduo e revelando a sua face, às vezes hostil e racionalmente ardilosa. Universal, a inferioridade arrasta-se numa saga que beneficia o masculino e reprime o feminino. E por quê? Quais as razões desse imperialismo continuado? Pergunta que não pode ser respondida de imediato.

O isolamento colonial atraiu forças negativas que escoaram em síndromes de rechaço. Sabe-se que o desenvolvimento integral da personalidade reclama momentos solitários, encontros consigo mesmo, reclusão de pensamento. Porém também é sabido que o isolamento da mulher patriarcal não se deu nessas bases. Foi um isolamento forçado, a começar pelo físico, que originou terríveis desastres sociais, porque elidiu apelos psicológicos e fortaleceu ilhas de frustração. No círculo da segregação, o ranger de saias adentrando aposentos reservados, ouvia-se à chegada de qualquer visitante. Não se queria a presença feminina em salas de boa conversa, mas em recantos retirados, a marcar a distância do convívio de homens e mulheres; separados, um e outro, o suficiente para anular feminilidades porventura atrevidas.

A própria mordomia – mucamas à disposição – impedia que a mulher se dinamizasse em comportamentos ativos e independentes. Dentro da casa-grande, agrupava-se em confrarias de ignorância, com diálogos restritos a escravas, sempre dispostas a ritualizar a cerimônia do cotidiano.

> Mas através de toda a época patriarcal – época de mulheres franzinas, o dia inteiro dentro de casa, cosendo, embalando-se na rede, tomando o ponto dos doces, gritando para as mulecas, brincando com os periquitos, espiando os homens estranhos pela frincha das portas... (Freyre, 1981a, p. 94-95).

Num permanente solilóquio, a portuguesa alongou-se em rotinas intermináveis e não pôde evitar os impiedosos olhos vigilantes. A inércia do obscurantismo girava em ângulos concêntricos e garantia os elos de preservação. O sistema patriarcal tentou confundir essa solidão, mimetizando-a a gloriosos conceitos de recato que anulariam, como diz Proust, a nostalgia do estar só. "É necessário nunca estar só, a solidão engendra a melancolia." (Proust, 1983a, p. 190)

O mundo da casa-grande fomentou cativeiros femininos. A solidão impregnou-se à pele, proustianamente recorrente na dinâmica dos tempos pretéritos. "Minha solidão irrevogável estava tão próxima que já me parecia começada e completa. [...] As coisas tinham se tornado estranhas para mim." (Proust, 1992a, p. 213)

A mulher branca carregou o andor da perfeição. Assim, viveu consigo mesma, defrontando-se com inúmeros conflitos, muitos deles insondáveis, porque nem sequer conseguiu vivenciá-los na sua devida interioridade. A mucama esteve presente, tentando amenizar a dor de uma vida afogada em retiros monásticos. Neutralizou, é verdade, mas não eliminou as marcas de um cotidiano seguramente monossexual.

As visitas mais mundanas que chegavam até a casa-grande, essas eram das comadres ou do padre. Geralmente as conversas recebiam o tempero da superficialidade, sem a essência de um diálogo mais profundo. Absorvido por um isolamento arquitetonicamente planejado, o feminino introjetava virtudes secularmente apregoadas. Exemplo de comportamento. Cópia fidedigna de Maria, a Virgem que concebeu por obra e graça do Espírito Santo. O culto à Virgem Maria, no Brasil, tornou-se um dos mais fortes do mundo. Virgem Maria, glorificada como Rainha – Regina –, talvez resulte da extrema idealização da mulher aristocrática e mesmo da mulher negra. A Mãe Preta catalisou imagens próximas à purificação. O complexo da escravidão precisou de adornos amortizadores da sua implacável dureza. Render homenagens à Virgem Maria chegou a ser um oásis de resignação muito bem adestrado no chafariz das contradições que o patriarcalismo exaltou.

E de quantas Marias se constituíram as casas-grandes?

Primeira comunhão: o rito da adultização

O sistema patriarcal, com a simbologia que o peculiarizou, sedimentou-se em bruscas mudanças no tocante ao ciclo vital, quando a morte não interrompia prematuramente o processo existencial: do nascimento à infância; da infância à adolescência; da adolescência à idade adulta. Passagens que não absorveram as devidas elaborações psicológicas. Não havia tempo. Tudo era rápido, visando consolidar uma sociedade de gente crescida, o que ocasionou o aparecimento de uma ritualística desastrosa, que só poderia provocar resultados pouco alentadores.

O doméstico sofreu a rigidez de uma morfologia com aparências pouco saudáveis. O tornar-se "maduro" assumiu ares de imperativo categórico, porque o canavial não permitia deslizes de infância. O massapê orgulhava-se de severas exigências, mas o termômetro de certas impertinências e a variação do mercado financeiro oscilavam entre o sucesso e o declive. Tais mutações reivindicavam um estado permanente de alerta. Que todos os olhos convergissem na direção da cana. Qualquer desvio de percurso poderia resvalar no fracasso da aventura colonizadora. Havia, pois, a iminência social em adultizar a criança para que ela logo se adaptasse à corrida do ouro, o fim maior do sucesso econômico.

Ao lado da lerdeza doméstica, cristalizada em longos momentos de letargia, a ansiedade instalava-se na aceleração quase neurótica de formar adultos machos, aptos ao fabrico do açúcar, ou fêmeas prontas para a fecundação de seus úteros. Duas grandes vertentes balizavam o contexto patriarcal: a cana e a urgência de gente a derramarem-se por terras tão vastas e desertas. Por conseguinte, a criança pouco se entendeu com a meninice. Foi órfã da sua puerilidade. A impaciência de um crescimento fora de hora encarregou-se de arrancar dos braços das meninas as bonecas de pano feitas pelas negras.

O Brasil carecia de homens e mulheres. Fabricá-los rapidamente, a meta norteadora. E, em seguida, educá-los, num estalo de dedos, para o mando, para a procriação ou para o trabalho do eito. Em última instância, o que se cobiçou foi a idealização do adulto. Mulheres de um lado, homens do outro. Crianças, por pouco tempo. Em vez de brincar, deveriam aprender o mais rapidamente possível as regras do jogo canavieiro. Esse, sim, o caminho ambicionado.

Na pirâmide da hierarquia, acomodavam-se homens ditadores, mulheres submissas, crianças esquecidas e abafadas pelo regime "prussiano" que não lhes permitia arroubos de ingenuidade. Etapas programadas. Trilhas determinadas. Janelas apenas entreabertas. O perfil do patriarcalismo repousou em colunas bem traçadas: poder, submissão, adultização. Todos a serviço do açodado enriquecimento. Nada de transgredir a triangulação de um processo que se quer triunfante, desde que montado na direção certa. Vitórias não lhe faltaram, mesmo à custa do sacrifício da mulher e da criança. E, por que não admitir?, do homem também, severamente entronizado nas cobranças do massapê. "Desde os tempos primeiros, a família brasileira teve como sustentáculo uma tripeça imutável: pai soturno, mulher submissa, filhos aterrados." (Prado, 1962, p. 106)

Sob um viver com pouca turbulência, espraiava-se pelo engenho, pelo canavial, pelas senzalas, a submissão quase emblemática de uma sociedade a hastear enfaticamente os seus lábaros, uns culturais, outros cristãos. Que fossem sentenças irrefutáveis. Afinal, dogmas foram feitos para ser obedecidos. Multiplicá-los fazia parte da trama sociológica. Sem as inflexíveis reverências, seria quase impossível sustentar as "humildades" reivindicadas pelo autoritarismo patriarcal. Bandeiras se exemplificavam: na mulher, estados de candidez e de perfeição; na criança, "constrangimentos" infantis. Cumpriam-se, assim, as veredas da família cristocêntrica.

Crianças não para brincarem, mas para rezarem. Para se embeberem dos princípios da religião salvadora de todos os males. Pouco importou a gênese do mal. O cristianismo lá estava para absolver os percalços comuns à cobiça dos frutos proibidos. As meninas acolhiam, com mais vigor, a receita milagrosa. Delas só se pediam virtudes. Meninas que já viviam em santidade, orando nos altares domésticos ou imaginando indulgências para os seus deliciosos delírios.

Os pecados não tinham idade. Precocemente, instalaram-se na sociedade dos adultos, a patriarcal. Por todos os cantos, pecados; porém, por todos os cantos, o perdão alardeado em penitências e ladainhas que limpavam a alma e revigoravam as inocências abaladas. Que sobejassem singelezas. Virtudes que se dirigiam a mulheres e meninas fantasticamente convidadas à santidade. Delas emanava a salvação do mundo. Transgressões, nunca, para meninas e mulheres imberbes de prazer. A menina já nascia santa e deveria morrer santa. Jamais cair em tentação. Da portuguesa, aguardavam-se qualidades de zelo e purificação.

A sociedade patriarcal foi precoce em tudo, até mesmo em arquitetar pecados antes do tempo, como também antes do tempo indulgenciá-los. Nada faltou para que a roleta do perigo começasse depressa ou, melhor dizendo, para que as preocupações madrugassem, pois esse era o pódio respeitado, com o qual se comprazia a prosperidade da cana. Cedo para a vida. Cedo para o pecado. Sofregamente cedo.

Santas meninas, cheias de ouro, a pompearem riquezas. Recolhidas em nichos como *biscuits* que deveriam ser protegidos. Com medo de tudo. A exibirem lhaneza. Com mucamas para ajudar: na perfeição, no isolamento e na manutenção do inventário da santidade. Anjos louros.

> Meninas de doze, treze, catorze anos. "Santas imaculadas." "Pálidas madonas." "Marias do Céu." "Marias da Graça." "Marias das Dores." "Marias da Glória." E eram de fato umas Nossas Senhoras (Freyre, 1966, p. 369).

Diáfanas na imagem figurativa de Nossas Senhoras. A candura do rosto a se identificar com o olhar suave e doce das Virgens Marias. Jovens sacralizadas para servirem ao Senhor. Nesse caso, o Senhor fazia-se representar pelo patriarca, dono de todas as virtudes e pecados femininos.

Prematuramente, as crianças tornavam-se mulheres e homens. Adormeciam as traquinices. E o começo se dava na liturgia da Primeira Comunhão; travessia legítima para a vida adulta; rito brusco de um amadurecimento artificial.

> Muito cedo, no Brasil de nossas avós e bisavós, as meninas se arredondavam em senhoras. Aos nove ou dez anos estavam moças. Faziam então a primeira comunhão. E era um grande dia, o de vestir a meninazinha o vestido comprido de comungante, todo de cassa e guarnecido de folhos, o corpete franzido, a faixa de fita azul caindo atrás, em pontas largas, a bolsa esmoleira de tafetá, o véu de filó, os sapatos de cetim, as luvas de pelica, o livrinho de missa encadernado em madrepérola – tudo branco ou azul (Freyre, 1968c, p. 160-161).

Os adornos embelezavam o quadro da santidade. Verdadeiros relicários com fins de emoldurar a ilusão da menina na transição para a categoria de moça. E a autenticidade do ritual firmava-se no paramento: corpete adelgaçando a modelagem do corpo, vestido comprido branco, véu de filó, sapatos de cetim, luvas de pelica... As vestes selavam a ênfase da pompa. Era hora de carimbar o pacto litúrgico. Com o alvoroço proporcional à escala do seu valor.

As meninas vinham sem pecados, porque a cerimônia exorcizava os involuntários desadoros do passado. A limpeza do mal se fazia completa. A mudança de *status*, também. A solenidade da Primeira Comunhão assegurava as doses de pureza no trampolim para o casar em graça. Eclodiam as jovenzinhas higienizadas pelo sacramento. E pronto. A varinha de condão transformava-as em mulheres ricamente preparadas para receberem a próxima consagração: o matrimônio.

Se o casamento sancionava a grande festa, a Primeira Comunhão a precedia no calendário da honorabilidade. Em um patriarcalismo monopolizado pela mística cristã, não surpreendem as homenagens rendidas ao ato de receber o Senhor pela primeira vez. Simbolizava um rito de passagem expressivo por assinalar na menina o início da adolescência, à qual se somava, de imediato, o preparar-se para o casamento; no menino, a permissividade à sifilização, isto é, ao aprendizado da virilidade.

> Desde o dia da primeira comunhão que deixavam as meninas de ser crianças: tornavam-se sinhás-moças. Era um grande dia. Maior só o do casamento. [...] O livrinho de missa nem sempre se sabia ler. Tollenare observou em princípio do século XIX: "Há ainda muitos pais que não querem que as filhas aprendam a ler ou a escrever" (Freyre, 1966, p. 369).

Meninos e meninas de livro de missa a tiracolo. Ostentavam-no como uma jóia conquistada e desejada. Condecoração de fé. Limpeza de alma. Aquisição de imunidades. Novinhas e inocentes, as meninas precaviam-se de possíveis transgressões em nome de Jesus. Recebendo o Senhor, o corpo libertar-se-ia de fúteis arrebatamentos. E, desde então, iniciava-se o culto à moral monogâmica. O rito era de importância fundamental para cunhar, com marca indelével, a insígnia da virtude. Agora, as sinhazinhas estavam limpas e assepticamente esterilizadas para o casamento. Ao receber a hóstia sagrada, Cristo encarregar-se-ia de defendê-las dos infortúnios desse mundo insano.

Constituía a Primeira Comunhão a segunda medalha no campeonato litúrgico da sociedade patriarcal. A primeira, o batismo, evidentemente. As outras vinham depois: o casamento, os filhos, os sacramentos da morte... As etapas seqüenciavam, com desvelos incomuns, o ciclo patriarcal. Normatizações não faltaram para o internalizar dos néctares cristãos. Diariamente e sem tréguas, a sinhazinha abrigava a tábua sagrada, contendo a comenda da salvação. Importantíssimo persegui-la. A sociedade ofertava-lhe os preceitos: cabia-lhe, apenas, não se desviar do traçado previamente elaborado.

O livrinho de missa adjetivava a Bíblia dos ensinamentos. Mesmo sem saber ler, eles eram absorvidos como menções exemplares. A vida na fé. Na verdade cristã. Na certeza absoluta da conquista do Nirvana celestial.

Primeira Comunhão: o rito de passagem que imprimia degraus iniciatórios de responsabilidade. Um divisor d'águas determinante de uma nova conduta. A menina esquecia o tempo de criancice – se é que existiu – e começava, desde então, a submeter-se às disciplinas reguladoras da adultização. De repente, o fruto amadurecia e estava no ponto ideal para o comando da vida doméstica, ou seja, para o trono de sinhá-dona.

Lá ia ela, em romaria, aguardar o virtual marido. Com inquietação, e muita! Que surgissem logo bons candidatos; assim, evitavam-se situações vexatórias. A Primeira Comunhão já lhe tinha desferido o passaporte para a adultização. Agora, tudo iria depender de seus dotes físicos e econômicos. Talvez mais econômicos que físicos. O aprendizado iniciava-se com base em receituários jesuíticos.

Internalizados os marcos católicos, em paz com o Senhor, embriagada de virtudes matrimoniais, a jovenzinha rebentava, em esplendor de ingenuidade, para a oferta nupcial. Uma debutante no desfile casamenteiro. Pronta, prontinha para obedecer às ordens do macho: o marido. O pai passava a coroa e o cetro para o marido, dono da nubente senhora. Abençoada por todos. Pela sociedade e, principalmente, por Cristo.

Transformadas em sinhás-moças pela Primeira Comunhão, as adolescentes dedicavam-se ao esmero de excelentes donas de casa. Enfim, competentes para a vida. Haviam recebido o instrumental necessário à condição de mulher. Ornamentos que se cercavam muito mais de idealizações que de sinais biológicos de maturidade. Corpos franzinos, porém espiritualmente convencidos de sua ascensão social. A burocracia sagrada cumprira o rigor do *Dicionário Nupcial*. O casamento as esperava. Que se arrumassem nas coisas do amor, porque a sociedade do açúcar não tinha espaço para donzelas convictas nem para balzaquianas.

Enquanto não arranjassem um "bom partido", essas adolescentes não sossegavam. Nem elas nem os pais, obstinados no propósito de não verem filhas solteiras em casa. Todas acomodadas na cabalística miragem do casamento. Essa mentalidade durou no Brasil por muito tempo: a de se criarem filhas para o casamento; a de ver no matrimônio o único caminho possível da mulher; a de acreditar piamente na relação nupcial como solução para os problemas femininos.

Matrimônio igual a símbolo mágico de prosperidade. Varinha de fadas prometendo presentes messiânicos. Ser feliz equivalia a ser casada com juramentos afetivos e mordomias jurídicas. Tais reminiscências emolduraram-se de chamariscos irresistíveis. Afinal, as regalias apontavam para a fonte da prodigalidade. Não estou absolutamente segura de que não continuem a apontar; são fetiches que não desaparecem com tanta rapidez. Assinale-se o esforço social em conceber e controlar o caráter "matrimonialesco" de uma sociedade construída em âncoras familiares.

Nesse sentido, o casamento transformou-se na mais invejada das profissões. A que melhor dividendos oferecia. Sem dúvida, o Nordeste, durante muitos séculos, cortejou essa premissa ao invocá-la como a fórmula salvacionista do sexo "frágil". Não só o Nordeste. O Brasil, de uma maneira geral. Não sei se tal conduta corresponde a atitudes do passado. Há resquícios, e muitos! Permanecem, sim, alguns desses estereótipos. Principalmente em zonas rurais e "rurbanas".

Ninguém hesita em afirmar que, pedagogicamente, a mulher, ao longo de várias gerações, foi condicionada para a tribuna do matrimônio, fruto de um Brasil patriarcal que trouxe até os nossos dias o escopo que caracterizou as "remotas" ligações conjugais. Serão tão remotas? Difícil responder. Os tempos considerados modernos ou pós-modernos sofrem as ressonâncias da gênese colonizadora.

Com rígidos ritos de passagem, o lusitanismo fixou etapas no ciclo de vida de homens e de mulheres. Estabeleceu um quadro evolutivo tão arbitrário quanto impositivo. Sem obedecer à cronologia natural-biológica, demarcaram-se bruscos trampolins, assentados em artifícios adultizantes. A Primeira Comunhão, um deles. Menos ato religioso do que sociológico, o de deslocar a indesejável meninice para a promissora adolescência. Do brinquedo infantil aos ritos iniciatórios do casamento, o *Dicionário Nupcial* encarregou-se de desenhar o futuro da jovem mulher portuguesa.

A SINHAZINHA

Cumprida com rigor a festa da Primeira Comunhão, eis a menina que se olhava no espelho e, assustada, repetia a palavra mágica: *moça*. A vida a esperava. Ela e o mundo se encontravam em condições estranhas de competição. Igualmente assustada, eu me pergunto: o que falar da sinhazinha, essa figura lhana e asfixiada pela autoridade do patriarcalismo? A meiguice e a doçura foram confundidas com passividade, instrumento indispensável ao domínio colonial. As características de cada sexo deveriam, portanto, ser exaltadas mesmo que incorressem em visíveis antagonismos de gênero.

É bom que se esclareça que as diferenciações sociais foram claras, claríssimas, embora o homem fugisse ao modelo de Apolo, com uma beleza, essa a tender para o feminino, porque delicada para a representação de um sexo dito forte. O homem do passado não se avantajou numa aparência de Hércules, a expor musculaturas viris. Seu corpo foi dúctil, uma vez que não o expunha ao trabalho artesanal, manual ou físico. Fazia-se por demais importante emoldurar o feminino de nuances próximas a modelos de gracilidade. Ao fortalecer os traços de uma feminilidade artificial, evitar-se-iam conflitos sexuais. "Também é característico do regime patriarcal o homem fazer da mulher uma criatura tão diferente dele quanto possível. Ele, o sexo forte, ela o fraco; ele, o sexo nobre, ela o belo." (Freyre, 1981a, p. 93)

Quanto mais diferenciar o físico, tanto melhor para aguçar outras dessemelhanças não tão palpáveis. Mulheres exageradamente femininas para serem mulheres exageradamente dominadas. A beleza da jovem portuguesa resvalou para a idéia de fragilidade. Um tipo franzino, quase doente. Com o excesso da discrição e a hipérbole do retraimento. Aliás, a sociedade patriarcal calçou-se nos excessos. Para mais ou para menos. Contanto que se extravasassem oposições.

> Mas a beleza que se quer da mulher, dentro do sistema patriarcal, é uma beleza meio mórbida. A menina de tipo franzino, quase doente. [...] Nada do tipo vigoroso e ágil de moça, aproximando-se da figura de rapaz. O máximo de diferenciação de tipo e de trajo entre os dois sexos (Freyre, 1981a, p. 93).

Uma dupla moralidade no tocante às relações de gênero desenvolveu-se, por conseguinte, na sociedade patriarcal: homem – liberdade plena e poder absoluto; mulher – recato, doçura, sujeição.

> À exploração da mulher pelo homem, característica de outros tipos de sociedade ou de organização social, mas notadamente do tipo patriarcal-agrário – tal como o que dominou longo tempo no Brasil – convém a extrema especialização ou diferenciação dos sexos. Por essa diferenciação exagerada, se justifica o chamado padrão duplo de moralidade, dando ao homem todas as liberdades de gozo físico do amor e limitando o da mulher a ir para a cama com o marido, toda a santa noite que ele estiver disposto a procriar. Gozo acompanhado da obrigação, para a mulher, de conceber, parir, ter filho, criar menino (Freyre, 1981a, p. 93).

Aliás, essa dualidade ética vem atingindo todas as sociedades e historicamente homologando valores reconhecidos pela cultura. O mundo colonial prestigiou a dicotomia, logo exaltou a regra no seu paroxismo. Não dirimiu esforços na rigidez de esquemas bifurcadores que viessem a agigantar um confronto entre partes visivelmente opostas. Como se as diferenças gerassem desigualdades. Ora, ser diferente não é absolutamente ser desigual. As diferenças existem e devem ser reverenciadas. Porém nunca utilizadas em distorções voluntárias. O pior é que o social busca naturalizar essas desigualdades, patrocinando uma série de incorreções que sao, culturalmente, reconhecidas pelo coletivo. Entender diferença como desigualdade e desigualdade como superioridade *versus* inferioridade sugere um patentear de injustas acepções sobre a conjuntura de gênero. Heleieth Saffioti confirma:

> [...] Todas as sociedades conhecidas apresentam, em maior ou menor grau, o fenômeno da supremacia masculina. Isto equivale a dizer que as diferenças existentes entre homem e mulher são convertidas em desigualdades, em detrimento da mulher, pólo dominado-explorado, embora longe de ser passivo. O fenômeno da conversão das diferenças em desigualdades apresenta natureza social e não-natural, o que abre ilimitadas possibilidades de transformações. Em outras palavras, o masculino, assim como o feminino, são socialmente construídos (Saffioti, 1995, p. 163).

No momento em que a sociedade patriarcal fez a apologia da diferença, permitiu robustecer o quadro da exaltação do masculino. As diferenças de gênero – aquelas que impõem sinais de superioridade e inferioridade – são exclusivamente culturais e não se ancoram em bases racionais, uma vez que redundam em artifícios estranhos à condição humana. A natureza por si só não resiste a pressões alienígenas. Perde terreno para a cultura: uma dialética que não ocorre nas devidas proporções, embora estimule divergências a partir das reais diferenças de sexo. O biológico se vê, em conseqüência, atingido por fatores outros que conseguem distorcer a anatomia do corpo para esquadrinhar a anatomia do social.

As discriminações pululam na febre de instalar pólos de latitudes diametralmente contrárias. O patriarcalismo exerceu, com eficiência, as bilateralidades conceituais. Reafirmou círculos que a humanidade se encarregou de rubricar. Com tais vantagens, construiu a coreografia das diferenças. Diferenças entre homem e mulher. Diferenças entre senhor e escravo. Diferenças entre colonizador e colonizado.

A sinhazinha abrolhava como uma atraente isca para a manipulação das circunstâncias bipolarizadas. Desde tenra idade recebeu preceitos adequados ao fortalecimento do sistema autoritário machista. Não havia muito como reagir. O próprio processo socializador a preparava no sentido de acatar passivamente as imposições. De forma inconsciente, os elementos valorativos iam sendo internalizados, sem questionamentos ou indagações. A obediência era o primeiro requisito exigido. Os outros vinham depois e subseqüenciavam-no. Um trancelim de estímulos negativos, progressivamente alimentados.

> A sorte da menina é muito diferente. Nem mães, nem amas têm reverência e ternura por suas partes genitais; não chamam a atenção para esse órgão secreto de que só se vê o invólucro e não se deixa pegar; em certo sentido a menina não tem sexo. Não sente essa ausência como uma falha; seu corpo é evidentemente uma plenitude para ela, mas ela se acha situada no mundo de um modo diferente do menino e um conjunto de fatores pode transformar a seus olhos a diferença em inferioridade (Beauvoir, s. d., p. 14).

Um corpo sem sexo. Até que ponto Simone de Beauvoir se aproxima de Freud? A castração ou a invisibilidade de um pênis salvador seria o grande comprometimento biológico da mulher? Infere-se, *ipso facto*, que o órgão sexual interno reclamaria formas outras de estar no mundo. Ou seja: o invólucro das partes genitais ofertaria ao feminino uma identidade introspectiva. Seu universo tornar-se-ia, pela própria natureza, mais recatado – uma interiorização encetada pelas condições fisiológicas. Não estou tentando desenvolver nenhuma tese. Meras ilações sobre um tema complexo.

A sinhazinha aceitou a sina imposta. Cumpriu o que lhe mandaram fazer. Cresceu acreditando na sua castração social, o que a fragilizou ainda mais.

À semelhança do massapê, maleável, acomodatício, doce receptor da cana, demonstrou tendências análogas. Ainda imune às abstrações da vida, já se preparava para sorver os ensinamentos da sociedade, sobretudo aqueles que privilegiavam o homem e a visão masculina do outro. Agregou, juntamente com a criança, estereótipos de abulia. E, ao contrário da criança – quando porventura macho, capaz de libertar-se das garras do regime –, demorou a se afastar da escuridão existencial.

Tímida, franzina, a degustar água de arroz, caldinhos de pintainho, chá de ervas, a jovem portuguesa foi perdendo o viço da juventude numa socialização que petrificou os liames da subalternidade. Coisificada para atender o macho, transformou-se numa criatura sem nome, aparentada à indolência dos enfermos. Uma boneca amestrada para a servidão.

> A extrema diferenciação e especialização do sexo feminino em "belo sexo" e "sexo frágil" fez da mulher de senhor de engenho e de fazenda e mesmo da iaiá de sobrado, no Brasil, um ser artificial, mórbido. Uma doente deformada no corpo para ser a serva e boneca de carne do marido (Freyre, 1981a, p. 94).

A passagem brusca de adolescente a adulta desencadeou deformações psicológicas, que firmaram a fórceps uma errônea concepção de fêmea. Na verdade, o rito de transferência foi prematuro, mas a internalização veio de longe; essa, sim, tem potência para perpetuar o estigma. Valores absorvidos são peças preciosas na educação do indivíduo, porque retardam as reversões porventura verossímeis. Ninguém nasce com prévias construções de mundo. As formulações são feitas em razão de referenciais fisgados na infância.

Não chegaram a alimentar imagens fantasiosas, as debilitadas sinhazinhas. Os príncipes encantados logo submergiam; nem sequer adquiriam lampejos de sérios devaneios. Namoros, flertes, encontros de juventude não fizeram parte dos enlevos da adolescência. "Um regime produzindo as criaturinhas fracas do peito, meninas românticas de olhos arregalados..." (Freyre, 1981a, p. 116)

Os olhos arregalados piscavam em perplexidade. A consciência não se argüia do direito de compreender-se. Restava apenas o dever de saber afinar as exigências econômicas às exigências de um futuro bem-sucedido. Pouco ou nada se considerou da atração física, do contato da pele, do amor conquistado. Sentimentos, simples suportes relegados a planos de somenos importância, quando a real preocupação do patriarca se centrava no despachar a filha ainda não encalhada, mas com fortes sinais de encalhar com o decorrer do tempo. Tal fato representava um horror para uma sociedade que visava a procriação como meio de estabilidade mercadológica. Mulheres sem parir equivaliam ao eito sem produzir. O que queria dizer: um desastre para o sistema em pauta. Portanto, evitá-lo referendava uma sabedoria que, em hipótese alguma, deveria ser menosprezada. Tudo se permitia, contanto que a sinhazinha "aprisionasse", com a persuasão de seu feitio tímido e acanhado, o cônjuge adequado. Feio, velho, barrigudo? De que valem as aparências para o êxito de uma construção familiar?

> [...] Esse culto pela mulher, bem apurado, é, talvez, um culto narcisista do homem patriarcal, do sexo dominante, que se serve do oprimido – dos pés, das mãos, das tranças, do pescoço, das coxas, dos seios, das ancas da mulher, como de alguma coisa de quente e doce que lhe amacie, lhe excite e lhe aumente a voluptuosidade e o gozo. O homem patriarcal se roça pela mulher macia, frágil, fingindo adorá-la, mas na verdade para sentir-se mais sexo forte, mais sexo nobre, mais sexo dominador (Freyre, 1981a, p. 98).

De sexo forte os tempos patriarcais se alagaram. Corpo e alma de machos. Mandando e desmandando. Celebrando os acontecimentos e descelebrando as decepções. Exaltando o pênis no privilégio que lhe ofertaram. Importante frisar, com isenção de ânimo, que o macho obedeceu igualmente às ordens imperativas. Que essas ordens lhe tenham sido favoráveis, é outra coisa. Ressalto: o masculino também foi usado, embora com razoáveis benesses a seu favor, o que não invalida os grilhões coercitivos.

Não se pode criticar a empáfia do senhor de engenho isolando-o das factíveis conjunturas. Até porque a exaltação exagerada de um pênis redentor, por meio de uma cobrança desmedida da sexualidade masculina, demonstra, sem a menor dúvida, uma cobrança às avessas.

Que fique claro: a realidade patriarcal supervalorizou o homem em detrimento da mulher, porém jamais se deve compreender esse contexto como um dado solto, e sim como um dado incrustado em meio a inúmeros outros que interagiram. O homem também sofreu uma tirania: a do exercício machista e da superestimação do falo, o que diz de uma intolerância para com a liberdade individual.

Todo e qualquer ímpeto sexual deve ser associado ao ato da escolha. À parte as reservas já mencionadas, não se pode escamotear, contudo, os ganhos masculinos, egressos de longínquos horizontes e que, no português, encontraram excelentes condições de prosperar. Tais ganhos tiveram um preço. E um preço alto. Alternativas não aconteceram. O macho, quisesse ou não, deveria exalar virilidade por todos os poros. Coragem, destemor, bravura, principalmente no campo do erotismo, sancionaram armas indispensáveis. Do que se conclui que ao homem não lhe anuíram opções outras. O seu destino foi traçado. Ainda que com vantagens de vencedor, não lhe faltou, todavia, o ônus de uma inelutável ditadura.

A sinhazinha e o massapê acusam aproximações. A doce terra vermelha deixou-se invadir pelo bota do colonizador. Aceitou os ditames de uma cana monopolista e ofereceu-se sensualmente, quase a rogar por carinho. A sua fertilidade a chamou atenção. Doou-se, sem a menor resistência. Ingênua a gleba de visgo maternal.

> O massapê é acomodatício. É uma terra doce ainda hoje. Não tem aquele ranger da areia dos sertões que parece repelir a bota do europeu e o pé do africano, a pata do boi e o casco do cavalo, a raiz da mangueira-da-índia e o broto da cana, com o mesmo enjôo de quem repelisse uma afronta ou uma intrusão. A doçura das terras de massapê contrasta com o ranger da raiva terrível das areias secas dos sertões (Freyre, 1985, p. 6).

Mas os suspiros femininos não ocuparam espaços como o massapê. Este foi muito mais louvado. Dele tudo dependia. Logo, mais do que nunca, era necessário acudir às suas manhas. E os caprichos foram atendidos a pronto e a hora. Com vênias, festas e regalias. Que os pedidos aumentassem, a ordem era obedecer-lhes.

Paramentada como senhora, hirta de tanta coerção, a sinhazinha escondeu-se entre as sedas, os babados, as rendas... Mulher lírio. Mulher de estufa. Mulher artificial. Pálida. Doente. A suplicar por proteção e a jamais revelar-se em explicitudes. Subscrevendo obrigações. Aceitando, sem tergiversar, o prévio fadário do casamento e das boas maneiras de ser esposa. "[...] Idolatrava-se a mulher pura – a mulher lírio – enquanto os desregramentos sensuais do homem só de leve eram reparados." (Freyre, 1977, p. 73)

Triste, pelos cantos da casa, conheceu o ostracismo. Nada lhe sobrou a não ser a transferência de tutela, do pai para o futuro marido. Os amanheceres solitários, embora exuberantes de tropicalidade, acumpliciavam a saudade indefinida de um tempo não vivenciado, apenas idealizado por uma mente infantil, ainda fértil de imaginação.

Na noite sem fim, perdeu-se entre tantos querubins e serafins. Lá iam elas a compor o auto-retrato pintado por Florbela Espanca em imagens literariamente fortes e poéticas: "Sou aquela que passa e ninguém vê.../Sou a quem chamam triste sem o ser.../Sou a que chora sem saber por quê.../Sou talvez a visão que alguém sonhou,/Alguém que veio ao mundo para me ver/E que nunca na vida me encontrou!" (Espanca, s. d., p. 37).

O PANTAGRUÉLICO BANQUETE DO CASAMENTO

Casar significou o grande estrondo da cana nos lares patriarcais. Início de novas estruturas domésticas; proles em perspectivas; núcleos colonizadores. Sintetizou, na verdade, o melhor que poderia acontecer na expansão dos domínios do massapê. Ícone merecedor de homenagens, atraiu as mais instigantes atenções. A noiva, o orgulho de ser escolhida; o noivo, a possibilidade de heranças fundiárias. Era a união econômica a direcionar sentimentos na busca do valor primeiro: gente para ocupar espaços geograficamente vazios e futuros rebentos provenientes de uniões formais vitaliciamente acondicionadas em molduras domésticas.

Instalada a família, ramificava-se a civilização do açúcar. Se a cana exigiu a monocultura, a família invocou o casamento. Se uma foi excelsamente monogâmica, a outra foi não menos excelsamente poligâmica. Pouco importou. A legalidade do casamento garantiu o lastro do regime latifundiário. O casamento ganhou ares ufanistas, celebrado em pódios de entusiasmo: a mulher alcançava a glória do enlace ao tempo em que assegurava o futuro; o homem se regalava com filhos numerosos; o modelo canavieiro afiançava contratos de perenidade.

Jovem, a sinhazinha carregava o fetiche requerido ao sexo feminino: a virgindade. O hímen tem uma representação simbólica mais significativa que a sua pobre função biológica – marcas emblemáticas lhe são atribuídas em nome de uma honra pouco racional.

A virgindade é cobiçada pelo macho como uma riqueza à qual ele tem pleno direito, sobretudo pela valorização de uma probidade canalizada à ideologia masculina. O frágil hímen alcança dimensões transociológicas ou metassociológicas muito além da sua pálida natureza: passa a reinar todo-poderoso, escudo de honorabilidade do masculino. Converte-se em um poder inerente à ideologia do macho, brioso de sua inviolada condição falocrática. Interessante observar as duas faces da moeda. No homem, a virgindade reveste-se de adjetivos pejorativos, assoma proporções desdenhosas, veicula tendências pouco viris. Assim, ser virgem traduz-se em sinônimo de inapetência sexual. A sociedade patriarcal zombou de adolescentes machos virgens. Duvidou da sua latência sexual; portanto, aceitou rumores de incertezas, muito pouco louváveis para a expectante condição de masculinidade. Na mulher, a moeda é levada para o outro extremo.

A virgindade representa um instrumento de alto valor que deve, a todo e qualquer preço, ser preservado para finalmente ser doado, com apoteose e consagração, ao macho eleito pelo casamento formal.

A sociedade, na sua construção arbitrária, ainda reserva à mulher outro predicado a ser observado como qualidade de desejo. Não basta a virgindade. Urge que ela venha aliada à mocidade. Mais: na trama patriarcal, celebrou-se a extrema jovialidade de doze e treze anos. Verde, precoce, quase infantil. Cedo, muito cedo, o hímen gerou a cobiça dos machos, homens já cansados de exercer a função peniana. Mas vivendo à custa do seu membro sexual, insígnia de prodigalidade e egolatria. Maricas, nunca. Machos, sempre. Sedentos de uma vagina virgem e inocente.

Casavam-se, as portuguesinhas. Com maridos dez, quinze, vinte anos mais velhos. Sisudos, circunspectos, empavonados de tantos gáudios. Barbudos senhores de engenho – os homens sempre usavam barbas no período colonial, sendo durante muito tempo adereço significativo de virilidade –, bacharéis, médicos, oficiais ou, mais tarde, espertos negociantes... Bigodes lustrosos de brilhantina, gordos, arredondados em barrigas, sedentários, suíças enormes, grandes diamantes no peitilho da camisa, nos punhos e nos dedos... Os bacharéis ostentavam rubi no dedo e porte sobranceiro.

> Aí vinha colhê-las verdes o casamento: aos treze e aos quinze anos. Não havia tempo para explodirem em tão franzinos corpos de menina grandes paixões lúbricas, cedo saciadas ou simplesmente abafadas no tálamo patriarcal. Abafadas sob as carícias de maridos dez, quinze, vinte anos mais velhos; e muitas vezes inteiramente desconhecidos das noivas. Maridos da escolha ou da conveniência exclusiva dos pais (Freyre, 1966, p. 364).

Núpcias de conveniência, feitas por escolha dos pais, normalmente do pai da noiva. Com tios, com sobrinhos, com primos, visando impedir a dispersão de bens e preservar as origens porventura nobres e aristocráticas.

O casamento propugnava um destino melancólico para a mulher. Um fardo que as meninas da casa-grande não estavam preparadas para suportar, quão jovens eram elas. Por outro lado, não havia amor: uniões arranjadas, matematicamente planejadas, com uma mínima margem de erros. As normas dominantes embasavam-se no equilíbrio da família e de nada valiam o afeto, o amor, a atração física: "cosméticos" preteridos em função da ordem doméstica. Que tudo corresse dentro dos moldes esperados.

A família patriarcal inventariou-se em rituais menos emocionais e mais racionais, o que seguramente a enraizou em solos estáveis. Ocorreram pactos que autenticaram a rubrica do continuísmo. O encadeamento do contexto doméstico sugeria a pertinácia do sistema que precisava expandir-se em alicerces consistentes, visando amenizar tempestades sentimentais que em nada favoreceriam a segurança interna. Sob a ótica da preservação do núcleo privado, tais casamentos foram perfeitos. Afiançaram uma legitimidade mais que prudente. Sob a ótica do crescimento individual, seja ele feminino ou masculino, redundaram em concertos bem orquestrados pelos mais velhos. Há de notificar que o sistema patriarcal foi, ele como um todo, deveras concentrador, anulando ou pelo menos neutralizando a valorização do indivíduo como *persona*. Por efeito, os casamentos seguiram as pegadas engendradas pela cultura dominante.

Sem amor, sem paixão, sem experiências sexuais, as inocentes sinhazinhas enfrentavam o leito nupcial. E se faziam sinhás-donas. Da noite para o dia. Um salto no escuro.

***

O maior rito de passagem do regime patriarcal: o casamento. Os outros, ou dele dependiam ou nele orbitavam. Por isso, fazia-se necessário adorná-lo de explícitas ostentações. Aliás, as festas do passado caracterizaram-se pelo fausto, embora a máquina cotidiana tenha adormecido na austeridade: mínimos gastos financeiros para o dia-a-dia. Mas Festa era Festa mesmo. De arromba, com letra maiúscula, sem restrições, para ninguém botar defeito. Com exageros e até aberrações que o sistema cultivou. Um banquete reluzente de aparato, opulência e apogeu.

Demais, o mundo colonial descansou na família – por conseguinte, nas relações conjugais –, e urgia explodir foguetes em nome da celebração máxima. Marido e mulher compunham a paisagem que circunscrevia os muros da patriarcalidade e por onde desfilavam todos os elementos que nutriam a cena de outrora.

A menina-moça embelezava-se para o momento da mais alardeada cupidez. Cabelos cacheados, vestido modulado em corpo esbelto, cintura adelgaçada em espartilho, sapatos acetinados, ar de jovialidade, olhos nem sempre contagiantes de euforia, mas, no todo, a demonstração ruidosa da satisfação social. Uma beleza cândida, a da jovem, a inspirar pureza na medida do desejável. Pudor expresso com veemência. Recato e submissão. Essas virtudes deveriam saltar, à primeira vista, para que todos enxergassem os encantos da moça. Nada de exageros sensuais ou, menos ainda, de proclamações de independência. Um ar seráfico revelava sabedoria. E a menina há muito se preparava para esse palco. Agora, bastava-lhe repetir o "discurso" ensaiado e exibir com toda a proeza o exercício do "eterizar-se".

Vestia-se a rigor, a sinhá-moça, no grande dia do casamento. Com trajes minuciosamente preparados e aguardados com sofreguidão. A pele fina, mais pálida que rosada, externava a doçura de meninas verdes de experiência. Para que experiências? Quanto mais inocente melhor para o ajustamento conjugal, porque menos reivindicações e maiores as contemporizações. A nubente surgia bela, belíssima, no recôndito sopro de santidade. A beleza misturava-se ao porte sacral. Ambos sintonizavam a perfeição. A perfeição era o belo que provinha de Virgens Marias acalentadas pelo manto da purificação. Meninas com cheiro de santas. Meninas rezando pais-nossos. Meninas nascidas em estufas jesuíticas. Rostos esculpidos à semelhança da *Gioconda*. Clamores diáfanos de devoção. O perfume da beatice a disseminar-se pelo ar. Angelicais. Sim, belezas angelicais. Era o que se perseguia. O ponto alto de tudo que se desejava. Jesuiticamente disciplinadas para o ofício da obediência. Meninas de expressões castas, com saibos celestiais.

A festa do casamento durava de seis a sete dias. Às vezes, para maximizar a emoção, simulava-se a captura da noiva pelo noivo. Tudo muito bem apimentado na busca de teatralizar a cerimônia – regras de etiquetas convenientes à celebração de um fato único e socialmente fantástico. Momento, inclusive, em que os aparatos multiplicavam-se a fim de evitar suspeitas indevidas. O reconhecimento social do *status* familiar estava em jogo. Era chegada a hora de queimar os cartuchos na aclamação do êxito do açúcar. Evidências econômicas, evidências sociais, evidências pessoais. Dever-se-iam bombear sinais de sólidas prosperidades. Escravos, bens, riquezas. Quanto maior o brilhantismo, maior o grau de poder. O fascínio da casa-grande media-se muitas vezes pelo sucesso nessas festas: funcionavam elas como termômetro indicativo do prestígio do senhor de engenho. Não se poupavam esforços no sentido de levar às "últimas conseqüências" os detalhes da solenidade e, adjetivamente, indicar o demonstrativo de arrogância e fausto. "O casamento era um dos fatos mais espaventosos em nossa vida patriarcal. Festa de durar seis, sete dias." (Freyre, 1966, p. 374)

A exibição da carta de alforria de alguns poucos escravos revelava um sintoma de aparato quase perdulário, uma vez que o senhor do engenho, ao emancipá-los, estava, com isso, metralhando o seu poder de fogo. "Sancionar" liberdades aos trabalhadores do eito – mão-de-obra indispensável à labuta do massapê – simbolizava a maneira mais efetiva de demonstrar grandiloqüência. Prescindir de velhos escravos equivalia a jogar dinheiro fora, por excesso de riqueza. Outros seriam comprados, mas a felicidade do momento invocava verdadeiras "aberrações" econômicas. E a compra acontecia entre os festejos "orgiásticos" da liturgia. O patriarca que arcasse com as glórias de uma ceia larga triunfalista. A etiqueta permitia "espernear" a magnificência e o luxo, assim como sinalizar a vitória da colonização, subseqüentemente a vitória do monopólio canavieiro, do absolutismo patriarcal e da endogamia familiar, um conjunto de elementos que recebiam anuência dos ventos europeus. O casamento traduzia-se em um "duelo" de forças. Um embate claro, claríssimo, de delírios orçamentários. Quanto maior o indício de pompa, maior a confirmação de riqueza.

O enxoval, confeccionado por freiras, assinalava o esmero típico das religiosas, únicas na feitura artesanal de peças escandalosamente delicadas. Mãos de freira são sempre especiais na execução de bordados, pontos de cruz, renascenças, tarefas que exigem requintes de devoção. A excelência dos trabalhos atingia níveis de tal detalhismo que o enxoval era publicamente exposto aos convidados para ser apreciado em valor e em beleza. Ao singularizá-lo em minúcias, cumpria-se um dos objetivos da festa: o de demonstrar, da forma mais prepotente possível, os "encantos" da noiva. Encantos que se revestiam mais de dotes materiais que de outra coisa. E um bom dote não deve jamais ser escondido a sete chaves. Ao contrário, deve ser testemunhado por todos que apreciem a fidalguia aristocrática.

Bois, porcos, perus, bolos, pudins, doces faziam da mesa do banquete uma oferenda de qualidade inigualável. Explodia a Festa-Mãe. Exibições pantagruélicas referendavam insondáveis exageros. Nada faltava. Nem as danças européias. Nem o samba africano no terreiro. Nem as mandingas fetichistas para o amor dar certo. A cerimônia agregava as sutilezas possíveis. O que se queria: abundância, esnobismos, desregramentos... Afinal, as atenções se concentravam nas proezas do patriarca e na engenhosa capacidade de arrimar o espetáculo.

A célula-mãe crescia a bem da ordem sociológica. Uma família extensiva à moda patriarcal. Com comadres, compadres, parentes, agregados... O altar de convivência dilatava-se em ramificações, quer consangüíneas, quer por afinidades, quer por paternalismos ou assistencialismos. A rede doméstica começava a delinear-se, e a mais recente construção social ganhava seu espaço na conjuntura do passado. A família transpunha os obstáculos, granjeando os "vitalícios" direitos de colonizadora. As bases enraizadas permitiam que o tronco se desdobrasse em substanciais folhagens. O casamento condicionava o aparecimento de uma semente germinal no conduto do patriarcalismo português. Foi tão pertinente a sua vigência que do núcleo familiar evolaram os demais segmentos da sociedade de outrora.

A união conjugal apresentou-se como a seiva multiplicadora dos átomos sociais. Legalizou os arquétipos sancionados pelo *pater familias* e selou um quase *appartheid endogâmico*, fortalecendo altas taxas de coexistência pacífica. Das relações sexuais às relações de puro afeto, integraram-se consangüinidades e afinidades num mesmo marco aglutinador. Concreto armado do estável epicentro sociocultural.

> A família brasileira tem sido através do tempo o instrumento disciplinador por excelência, produzindo e conservando a ordem social numa sociedade em formação... (Pereira de Queiróz, 1976, p. 194).

O homem colonizador contraiu matrimônio muitas vezes devido à morte das esposas. Na segunda, terceira ou quarta núpcias, o casamento já se convertia em rotina. Para a mulher, não: uma etapa desconhecida, um salto no escuro. O medo da noite nupcial estampava-se: tão desejada quanto fantástica para o imaginário sexológico feminino. Desse medo o masculino não sofria. Nem mesmo no primeiro casamento. Sua sexualidade já fora bastante testada com os animais, com as negrinhas, com os jogos eróticos que a máquina da bagaceira o presenteou. Mas à mulher não se lhe repassaram as noções mais preliminares de sexualidade em virtude da negativa estereotopia do prazer. Uma distorção que provavelmente veio a refletir-se vida afora. Outros traumas subseqüenciavam-no, como o parto doloroso e preocupantemente suicida. A vida a dois. A alcova. A solidão do quarto de dormir. O que é permitido. O que é condenado. Onde ficaria o corpo no jogo hedonista?

Descerrada a imponente cortina da festa do casamento, o medo alojava-se em caráter definitivo. Principalmente o medo do marido: um estranho, agora dono de sua carne, de sua vontade, de suas pálidas pulsões. "Verei com olhos ainda sem óculos o mundo que o português não acabou ainda de criar com seu sangue, seu suor e suas lágrimas; suas e principalmente das suas mulheres." (Freyre, 1980a, p. 6)

E agora, José, que a festa acabou? Diria Drummond. Eis, à frente, o corredor dos passos frustrados, sem adornos e sem anestésicos. A autoridade do pai e do avô estendia-se para o marido, o seu dono, a quem deveria subjugar-se com a gratidão da escolha.

A festa, a grande festa, ficava apenas na memória recondicionada em saudade. A opulência das luzes, o colorido das sensações, o arco-íris de promessas diluir-se-iam nas horas próximas. O melancólico apagar dos castiçais denunciava mais uma passagem no ciclo de vida da mulher. Com o matrimônio, emergia uma família. Ruptura de uma adolescência não vivida e começo de uma maturidade desconhecida. Quantas pedras no caminho se anunciavam, Drummond?

A ENDOGAMIA PATRIARCAL

A endogamia remete a uma forma de preservação. A casa-grande não hesitou em estimulá-la, procurando resguardar a estrutura doméstica por ensejar casamentos dentro do alcance do parentesco familiar. Tios casando-se com sobrinhas; primos com primas; viúvos com cunhadas...

A cadeia matrimonial referendou-se em bases parentais – uma circularidade interna a fortalecer a ampliação dos bens, a fixidez do *status*, a conservação de uma aristocracia oligárquica. Em última instância, priorizou o enquistamento dos bens.

> Maria Graham ficou encantada com certos aspectos da vida de família no Brasil: um apego, uma intimidade, uma solidariedade entre as pessoas do mesmo sangue que lhe recordaram o espírito de clã dos escoceses. Mas notou esta inconveniência: dos casamentos só se realizarem entre parentes. Principalmente tios com sobrinhas (Freyre, 1966, p. 367).

Nesse capítulo, o Brasil pontificou, ao arregimentar elos para que o domínio econômico-consangüíneo não fosse abalado. Famílias fechadas em nichos étnicos, culturais e, sobretudo, mercadológicos.

> O casamento era questão de grande importância; os pais escolhiam cuidadosamente as alianças ou para reforçar os laços de parentesco e resguardar a propriedade de mãos estranhas [...] ou para aumentar poder e prestígio, indo se unir a outras famílias de [...] nomeada fortuna (Pereira de Queiróz, 1976, p. 45).

Há algumas exceções a merecer registro. "Gravaram-se" casamentos com mulatas, mas tal conduta não regulou a norma. Mostraram-se, antes de tudo, exceções, que vêm a confirmar a regra. Os casamentos, de ordinário, tinham a função de confinar as riquezas, a hierarquia de classes, a oligarquia dominante.

> [...] Casamentos, tão freqüentes no Brasil desde o primeiro século da colonização, de tio com sobrinha; de primo com prima. Casamentos cujo fim era evidentemente impedir a dispersão dos bens e conservar

> a limpeza do sangue de origem nobre ou ilustre. [...] Indivíduos que, casando-se, apertavam os laços de solidariedade de família em torno do patriarca. Era esse o fim dos casamentos de tios com sobrinhas (Freyre, 1966, p. 366-367).

Destaque-se que o português muito prevaricou nos intercursos sexuais com mulheres exóticas – dadas as suas origens, povo indefinido entre Europa e África –, porém raramente legalizou os rebentos que provieram desses laços clandestinos. O que equivale a dizer: se o reinol não acatou o arianismo étnico – seguramente não o fez –, acatou o "arianismo familiar", evitando a inserção dos filhos bastardos no molusco parental. Os pendores à volúpia da carne resvalaram em dutos extraconjugais, com o tálamo do proibido e sem molduras oficializadoras. Do legítimo leito nupcial nasceram sim os filhos descendentes diretos da linhagem européia. Um "arianismo familiar", cultural, europeizante. Claro que esse arianismo não sofreu a estranheza isolacionista da concepção inglesa, espraiando-se, mais tarde, em um processo miscigenador de todo peculiar à civilização brasileira.

Há de se ressaltar o caráter agregador da *casa* na saga patriarcal. O ritmo do privado soube magistralmente orquestrar os mais díspares componentes da realidade de outrora. A casa-grande atraiu para si todos os impérios. Três séculos de pleno domínio. Sem competidores. Ícone de monumentalidade. Sob a égide do patriarca, a quadratura do engenho se espalhou. Ponto sincrético do regime canavieiro, latifundiário, escravocrata.

> A casa-grande, completada pela senzala, representa todo um sistema econômico, social, político: de produção (a monocultura latifundiária); de trabalho (a escravidão); de transporte (o carro de boi, o bangüê, a rede, o cavalo); de religião (o catolicismo de família com capelão subordinado ao *pater familias*, culto dos mortos etc); de vida sexual e de família (o patriarcalismo polígamo); de higiene do corpo e da casa (o "tigre", a touceira de bananeira, o banho de rio, o banho de gamela, o banho de assento, o lava-pés); de política (o compadrismo). Foi ainda fortaleza, banco, cemitério, hospedaria, escola, santa casa de misericórdia amparando os velhos e as viúvas, recolhendo órfãos (Freyre, 1966, p. XXXI).

A endogamia escudou as uniões oficiais envoltas em regras "proselitistas", enquanto as clandestinidades acobertaram-se de razões mais prazerosas do que de raciocínios cartesianos. Hospedou, a casa-grande, os dois tipos de encontros sexuais, sendo os primeiros aqueles legitimados e ordenadores do esteio familiar; os demais, olhados de soslaio, por transgredirem as instruções prescritas. Os contatos episódicos, não outorgados pela sociedade privada, rolaram como apêndice de um sólido arcabouço que se quis fanaticamente auto-referenciado.

Subjazem à ideologia da casa – concepção de metáfora – os liames endogâmicos. A união que agrega a força do sangue e a força da afinidade ganha corpo na "arqueologia" do habitar, casulo transdimensional do tempo. Gerações e mais gerações consolidam-se em sucessivos séculos de aconchego. Nascimentos e mortes dão à casa a verdadeira identidade familiar. É preciso que o ciclo da vida aconteça para que o enredo sociológico do privado se autentique como patrimônio ancestral. No sistema patriarcal, a casa-grande nobilitou-se pela analogia à concavidade do útero. Seu poder não foi, todavia, pendular: conferiu ao patriarca atributos de um "deus absoluto", esbanjador de ordens e voluntarismos. A coesão familiar na mão de uma única pessoa teve um preço que não se pode e não se deve negligenciar: o da natureza despótica do *pater familias*.

> A absoluta autarquia da casa-grande patriarcal [...] tende a transformar o senhor num régulo, com direito de vida e morte não só sobre o escravo, mas também, exatamente como o *pater familias* do Direito Romano, sobre os próprios descendentes (Nogueira Moutinho, 1985, p. 95).

Tal qual régulo, seus direitos multiplicaram-se numa arrancada celeríssima. O fisco da autoridade recrudescia instante a instante. No topo da hierarquia, o lusitano escalonou um périplo de fantásticas subserviências.

Viúvos precocemente, os portugueses adotavam uma sucessão endogâmica: casavam com as irmãs solteiras da esposa, com primas ou parentes próximos. Ratificavam, assim, a circularidade do núcleo doméstico para o qual nunca deixaram arrefecer os recursos intrafamiliares. Um sistema com tendência a castas, isto é, à entronização de uniões fechadas e orbiculares. A família endogâmica e cristocêntrica emergia à sombra de uma privacidade excessiva.

A convergência para o doméstico dava-se igualmente no plano divino, isto é, em nome de um catolicismo que espargia suas sementes por todos os quartos e por todos os aposentos do engenho. A família abençoada pelo sinal-da-cruz; com escapulário protetor; com véus de santidade; com terços cotidianamente rezados, afiançando a visão cristocêntrica das bases da coesão.

> Formou-se entre nós, brasileiros, uma civilização em que a Família sociologicamente cristocêntrica é que foi a unidade civilizadora: o principal fator econômico; a base de uma expansão que o Estado só fez sancionar ou confirmar (Freyre, 1981a, p. XXXIII).

Expandiu-se, como se vê, um cerco com volteios e revolteios interiores. Movimentos endógenos, não exógenos. A parentela, consolidando-se em claustros, revigorava a coesão da família. Uma aderência decantada em prosa e verso. Basta salientar a convivência com os mortos, muito significativa na defesa de uma circunferência amparada em vínculos de consangüinidade. Os mortos, enterrados na capela do engenho – que representava uma puxada da casa-grande –, perpetuavam-se na memória familiar, incorrendo numa presença menos etérea que materializada. Mortos coabitando o mesmo espaço dos vivos, ou porque os vivos perderam o prestígio, ou porque os mortos contabilizavam brasões denotativos ou, ainda, porque os mortos canibalizavam posições sociais que começavam desastrosamente a ruir. A convivência mais com os mortos do que com os vivos estreitava-se. A partir de certo momento, via de regra, essa dependência acentua-se no ciclo da existência de cada um, quando então se passa a reverenciar mais enfaticamente os que partiram. O lado de lá adquire a força do incomunicável e agiganta-se em imagens intangíveis, cuja credibilidade jamais se poderá questionar.

> Discursar sobre os mortos [...] revela algo sentimental e mórbido. Algo revelador de uma atitude psicologicamente débil, como se o indivíduo que assim procedesse estivesse de fato recusando ir para frente – para o futuro que implica novas fronteiras e relações sociais. Esquecer o morto é positivo, lembrar o morto é assumir uma espécie de sociabilidade patológica (DaMatta, 1987, p. 148).

A endogamia excessiva provoca atitudes doentias que se originam na fechada "convivialidade", propugnando, às vezes, a mixagem do real com o irreal. Em base de uma circulação hermética, vivos e mortos, desde que fossem portugueses, transitaram um teto único, e todos debaixo da asa do patriarca e dos nexos parentais. Os mortos sedimentavam a coesão e firmavam sua ingerência com poderes maiores que os dos vivos. Ainda hoje, muitas famílias sobrevivem à guisa de imagens fisicamente mortas, mas sociologicamente vivas. Os mortos arrebatam a vida dos vivos. Tudo passa a depender de sua herança – lembranças indeléveis que não se removem facilmente. Com uma clarividência incomum, a força dos mortos prevalece e orienta o caminho dos vivos na escalada do mundo.

O carrossel cognitivo do regime patriarcal presentificou os mortos a tal ponto que eles retornaram à esfera doméstica com uma excêntrica postura, porque ausentes das mesquinharias do cotidiano, e agora elevados ou superelevados pela ambiência celestial. Outras dimensões, outros poderes. Agraciados pela invisibilidade de compreender, por entre olhos humanos, os problemas da rotina – frise-se que fantasmas e assombrações pululam nos desvãos do passado –, as póstumas interveniências chancelaram a última e silenciosa palavra. É sabido que a cosmologia do céu abona exegeses tocadas por Deus, logo decisivas na condição de Absoluto.

A família colonial e imperial conviveu com os seus mortos como se eles estivessem vivos. Invocados a toda hora, "pronunciavam-se" sobre prosaicas desavenças. Quase fisicamente corpóreos. Próximos. A escutar o silêncio da noite e a desvendar os mistérios que se escondiam por trás dos corpos materializados. Ali. Pertinhos. Ouvindo até os sussurros e os suspiros inaudíveis. A marcarem a natureza oligárquica da aristocracia e a sua singular linhagem fidalga. Os retratos dos mortos guardavam-se no santuário, bem à mostra, misturados às imagens dos santos, com direito à mesma luz votiva de lamparina de azeite e às mesmas flores devotas. E as tranças das senhoras e os cachos dos meninos complementavam o adorno do orago das saudades. Um culto doméstico de mortos a semelhar-se ao dos antigos gregos e romanos. "Abaixo dos santos e acima dos vivos ficavam, na hierarquia patriarcal, os mortos, governando e vigiando o mais possível a vida dos filhos, netos, bisnetos." (Freyre, 1966, p. XXXVII)

Acima dos vivos pairava a nebulosidade dos enigmas. E os mortos habitavam o mistério. Destarte, a presença ausente de muito patriarca fazia-se necessária para manter o ritmo de um circuito frenético em busca de equilíbrios. A figura do morto permeava os membros da família, neutralizando conflitos indevidos. Era a metáfora da ordem disfarçada por sábios instrumentos, todos eles interativos do fecho endogâmico. Assegurava-se o trânsito entre Deuses e Homens.

O especialíssimo processo endogâmico cerziu arestas com a finalidade de apaziguar possíveis desacertos. O patriarcalismo teve no sistema cilíndrico de parentesco um aliado portentoso para enfrentar a lida do cotidiano. Embora incongruências e ambivalências se destaquem na fotografia da realidade doméstica, não se pode mitigar o fenômeno do fechamento grupal da família, que procurou, de todas as maneiras, assentar as vigas mestras da era colonial e pós-colonial.

Com o avigoramento dos esquemas endogâmicos, as uniões matrimoniais, entre portugueses, estavam alinhadas; e inscrito e subscrito o perfil centrípeto da casa-grande. Conseqüentemente, assegurada a chama da coesão familial. O engenho, com habilidade, asilou um encontro de gentes que em muito ajudou a selar o mandala das pirâmides hierárquicas.

As iaiás solteironas

A sociedade antiga, de um modo geral, não abrigava entusiasticamente as mulheres que não se casavam. Algumas aceitavam, com indiferença, o celibato; outras repeliam-no. Em resumo: nenhuma lhe oferecia espaços privilegiados. A identidade feminina vinculava-se à estereotipada flâmula do casamento, da maternidade, da casa. Mulheres que se desviaram dessas expectativas carregavam o ônus da culpabilidade. Estigmatizadas por falsas acusações – ao não assumirem a "gôndola sexual" –, respondiam por infrações involuntárias que não condiziam com objetivas atitudes. Mais vítimas que outra coisa, as solteironas não escaparam dos dedos em riste. O *Eu acuso!* de Zola adquiriu dimensões alarmantes. O elenco de reprovações as nivelou em paroxismos absurdos.

Dizendo em outras palavras: mulheres, nos idos da bagaceira, que não suscitaram os apetites masculinos para o matrimônio provocaram reações de refugo; alguma coisa que não serviu para ninguém. Pagaram alto o preço de uma vida pela qual jamais optaram nos tempos de outrora.

Dela, fêmea rejeitada, não se auferiu a faísca da sedução. Se ninguém a quis, razões existiram para seu ocaso. Esse raciocínio simplório e reducionista remete a um outro: o de que a mulher foi, no passado, apenas objeto de escolha, nunca sujeito desejante. Por isso, a virgindade intocada a partir de certa idade era vista com desprezo, sinônimo de rejeição, sobras de comida sem o menor sabor de fascínio.

Na gangorra da contradição, a honra da mulher convergia para a região genital, mais especificamente para o glorioso hímen. Uma lógica perversa e de difícil encadeamento. Para esse hímen foram atraídos os clichês mais fantásticos. Da adolescência à maturidade registraram-se, entrementes, variações na escalada da cobiça: do fascínio ao rechaço. O código de honra atrelou-se com tanta truculência à virgindade que extrapolou o ciclo etário. Solteirona, mas honesta, o que equivaleria a dizer: digna na sua honra de virgem. Não importava se desprezada pela própria condição de ser virgem. O que valia era a honra social. Realçava-se a clivagem cruel de um argumento que não rastreava o mínimo de racionalidade. Apenas agravava as filigranas do contexto sociológico. Vencia a estereotipia de que a virgindade só tinha valor quando oferecida na mocidade. A mesma virgindade pesaria toneladas nos ombros da maturidade.

Mas a virgindade só tem essa atração erótica quando ligada à mocidade, sem o que seu mistério torna-se inquietante. Atualmente muitos homens sentem repulsa sexual diante de virgens algo amadurecidas, e não somente por motivos psicológicos que as solteironas são comparadas às matronas azedas e maldosas. A maldição está em sua própria carne, nessa carne que não é objeto para nenhum sujeito, que nenhum fez desejável, que desabrochou e murchou sem encontrar um lugar no mundo dos homens (Beauvoir, s. d., p. 197).

No ostracismo da fecundidade, sofreram as solteironas a descarga de uma cultura voltada para a engrenagem procriadora, ou seja, para a reprodução humana. Esclareça-se que nem sempre as mulheres tiveram o prazer orgástico. Tiveram, sim, a carga da maternidade, egressa, em alguns casos, de enfadonhas relações sexuais. Na esfera patriarcal, a concepção calcinou o grande determinante da linguagem conjugal. Rebentos e mais rebentos indicavam um casamento vitorioso. Ora, em uma conjuntura de tanta exuberância seminal, a solteirona não correspondia à urdidura imposta. Por conseguinte, teve de arcar com dificuldades múltiplas, um cotidiano áspero e – por que não dizer? – inquisidor. Dias insossos numa rotina que não se intimidava em reacender sentimentos de culpa. A culpa de não reproduzir, de não ser desejada, de não casar.

O regime patriarcal aderiu, com entusiasmo, ao figurino da genitalidade. Nem poderia ter sido de outra forma, balizado que foi em tratados machistas. Bloqueou os espaços para as mulheres que não "contemplaram" o papel reprodutivo.

O Brasil alvitrou uma indústria instalada para o povoamento. Onde ficaria a solteirona, portanto? Na pior situação possível: no porão do esquecimento, como tralha inútil, peça desprezível, que passou pela vida e não despertou a atenção de olhares sensuais. Nada mais repelente para a fêmea do que o descaso por parte do macho.

Do que se entende que muito se articulou para que a moça não resvalasse para tal situação. Rezas, promessas, arranjos consangüíneos, laços econômicos funcionaram como meio de atender aos pedidos casadoiros. Se o problema escapava à ordem terrestre, que se rogasse à esfera celestial para que os santos, com rasgos divinos, se encarregassem de olhar para a vítima. Assim aconteceu. Recorria-se ao possível e ao impossível, contanto que a ausência da procriação não prevalecesse. Para completar o cerco do desconforto, a fecundação somente se permitia à mulher portuguesa por meio do bendito sacramento do matrimônio. Fora dele, nada poderia ser aceito. Clamava-se com fé e esperança por casamentos sólidos e suculentos em prole. A religião revelou-se grande alcoviteira, com santos especializados em coisas de amor. Melhor apelar para a ingerência divina de modo a atalhar o mal pela raiz. E as orações multiplicavam-se em ardorosos pedidos. Magicamente avultavam as "mandingas" para São João, para Santo Antônio, para São Gonçalo do Amarante.

Uma sociedade tão "histericamente sexual" jamais poderia ovacionar desfechos eróticos sem a bênção matrimonial. A solteirona que admitisse seus pesados "delitos" e que pagasse por eles. Ao ficar para "titia", a mulher branca perdia a única e reconhecidamente válida função – a de procriadora. E outras leituras associavam-se, como a rejeição da família e do mundo externo, uma vez que sua participação na coletividade se fazia por meio dos filhos. Casta, virgem e pouco valorizada, sua saga foi humilhante, eivada de enfadonhos encargos domésticos, quase uma peça pronta para suprir incontáveis ineficiências. Importante salientar que raras mulheres optaram com plena consciência pela vida celibatária, na família patriarcal. Normalmente foram mais "rés confessas" que "senhoras" de escolhas próprias.

Os maricas, por analogia, também eram abominados. Com o formato superlativamente falocrático, seria de difícil explicação suportar o tributo de um pênis desvirtuado da sua ação biológica. Reconheça-se que a *síndrome da genitalidade* peculiarizou o Brasil patriarcal. O homem olhou para si mesmo e acreditou no seu corpo, espelho de vitória. Bastava-lhe o falo para haurir o púlpito da arrogância. Uma empáfia que não nasceu à toa. Ora, se a *síndrome da genitalidade* substantivou o lacre da distinção, como reconhecer a categoria da solteirona?

O receio começava pelos pais quando, com filha de quinze anos em casa, vislumbravam-se maus augúrios. Iniciava-se a corrida de obstáculos: torcia-se para que algum macho surgisse, retirando a sacrificada da forca. Tudo indica que as exigências de um bom partido diminuíam à medida que a idade avançava. As alianças econômicas de casamentos alvissareiros perdiam o valor e firmavam-se contratos com vantagens até mesmo unilaterais, contanto que a humilhação não vingasse. Qualquer "negócio" servia. Em situações emergenciais, pouco importou o dote masculino, isto é, os bens acumulados pelo candidato ao casamento. O que "pintasse no pedaço" estava bom. Acudir ao desespero da mulher considerada "bichada" equivalia a tirar a sorte grande na loteria. Para mitigar o infortúnio de ver uma filha sem casar, as apelações moviam-se na direção de fúteis e simplórias superstições. Evitou-se a solidão da solteirona para evitar-se a solidão do despovoamento.

A tamanho erro, o de não casar, tão pouco apreciado, acumularam-se justificativas fantasiosas. Longas e imaginárias narrativas fluíam de mulheres celibatárias: amores desprezados em nome da orgulhosa dignidade ou paixões eternizadas em desencontros terrestres – lenitivos atenuadores da chaga não cicatrizada.

> Quase não há solteirona que vos não possa contar, ó leitor, histórias sem fim de casamentos e propostas desprezadas. [...] Rara é a solteirona que de fato recusou a proposta do milionário ou do caixeiro-viajante ou do bacharel em Direito que um dia se lhe apresentou, bonito e airoso como um herói de cinema (Freyre, 1979a, p. 75-76).

Num patriarcalismo animado por aguilhoadas sexuais não custa a ninguém imaginar o mundo da solteirona. Vale realçar que muita "vocação" religiosa, no período colonial, aconteceu à revelia dos nobres pendores espirituais. Para fugir ao terrível fantasma do celibato, a adolescente se fechou em austeros conventos, driblando as possíveis excludências sociais.

A vida religiosa serviu, em alguns casos, de esquema alternativo no acolhimento de meninas sem rumo, isto é, jovens enjeitadas pela graça matrimonial. Partiam em busca de outros favores nas secretas clausuras de antigos conventos, que as abrigavam, conferindo-lhes hieráticas identidades. Dessa forma, resguardavam-se de rótulos depreciativos, elevando-se socialmente como escolhidas de Deus. Não é demais, entretanto, recordar que nem sempre o noviciado apontou para vocações simuladas. Há que reconhecer verdadeiras inclinações religiosas, numa época sobretudo em que se glorificaram os dogmas do cristianismo.

Os Recolhimentos simbolizaram um importante canal de aprendizado feminino. Para lá seguiram adolescentes, algumas por puro esmero educacional, outras para sanar o vazio da rotina fora do casamento. Encobriram vergonhas de pobres solteironas ou ofereceram ensinamentos oportunos para um segmento social, de ordinário à beira da ignorância.

Dependentes economicamente do núcleo de origem, suportaram as solteironas uma obediência absoluta; talvez a figura mais passiva da casa-grande. Sem vontade própria. Trabalhando para agradar os parentes mais chegados que as percebiam como um débito a ser ressarcido na conta dos favores. Seu sustento revertia-se num grande socorro ao qual se vinculavam inevitáveis contrapartidas de um crédito bancário. Juros altos. Dívidas acumuladas. Sobreviveram, assim, numa situação delicada, tentando subtrair o peso da invalidez social. Entregavam-se a qualquer tarefa, de modo a se sentirem menos culpadas e menos esquecidas.

As mais fortes conseguiam neutralizar a penúria econômica, apelando para atividades caseiras que lhes oferecessem uma ínfima parcela de dignidade: doceiras, boleiras, quituteiras colhiam um sustento minimamente satisfatório. Pelo menos, avocavam a si ocupações lucrativas.

> Os anúncios de jornais nos levam também à casa de muita doceira, muita boleira, muita quituteira; alguns nos fazem adivinhar solteironas tristonhas, sem outra ocupação senão a de enfeitar Santo Antônio e fazer doces para vender. Doces tão bonitos, tão enfeitados como os próprios santos. Doces de casamento, de batizado, de aniversário (Freyre, 1987, p. 89).

O estereótipo da solteirona aguçou-se no século XIX, quando os pais já não usufruíam de posições privilegiadas economicamente para afiançar generosos dotes nos arranjos matrimoniais, nos ingressos em Recolhimentos ou nos refúgios conventuais. Os novos apelos da cidade enfraqueceram a concentração fundiária açucareira e às filhas adolescentes cabiam iniciativas "sedutoras" às quais não estavam acostumadas. Por outro lado, os enredos endogâmicos debilitavam-se, e o xadrez do casamento se misturava a outras tramas que reclamavam a atenção de pais, então envolvidos com chamamentos citadinos. O tempo era pouco para devotar dedicações exclusivas a uniões de filhas casadoiras. Nos sobrados, o senhor urbano já não dispunha de vagares como os senhores rurais para despender horas de preocupação com filhas solteiras, o que veio a ocasionar maior constrangimento para essas mulheres, um tanto largadas às seqüelas da decadência do patriarcalismo.

> Nos sobrados, a maior vítima do patriarcalismo em declínio [...] foi talvez a solteirona. Abusada não só pelos homens, como pelas mulheres

casadas. Era ela quem nos dias comuns como nos de festa ficava em casa o tempo todo, meio governante, meio parente-pobre, tomando conta dos meninos, botando sentido nas escravas, cosendo, cerzindo meia, enquanto as casadas e as moças casadouras iam ao teatro ou à igreja (Freyre, 1981a, p. 126-127).

Burros de carga, eram elas ainda que nos dias de aniversário ou de batizado comandavam a cozinha, ajudando a enfeitar os pratos, a preparar os doces, a dar banho nos meninos... Cuidavam também delicadamente dos santos, cobrindo-os de jóias e tetéias. Quem tivesse a sorte de ter uma solteirona em casa garantia-se nos pequenos e grandes luxos caseiros. A essa mulher solitária alvitrava-se o castigo da sua sina.

Às vezes, tentavam superar-se criando alguns meninos, geralmente moleques bastardos. E aí dedicavam-se de corpo e alma a filhos clandestinos de colonos com negras. Canalizaram a afeição e o carinho para os descendentes ilegítimos, enlaçando-os de proteção a ponto de muitos causarem inveja pelos excessos de mimo recebidos.

> Por outro lado, houve mulequinhos da senzala criados nas casas-grandes com os mesmos afagos e resguardos de meninos brancos. Cousa, já se vê, de iaiás solteironas, ou de senhoras maninhas, que não tendo filho para criar deram para criar muleque ou mulatinho. E às vezes com um exagero ridículo de dengos (Freyre, 1966, p. 399).

Às iaiás solteironas vicejaram descabidas mortificações. Ainda bem que estatisticamente irrelevantes. Mas qualitativamente sofridas. As poucas sobreviveram à custa de múltiplos infortúnios, entregues à avara sorte que Deus lhes deu. Servas de todos, simplesmente por não conseguirem alçar o prêmio de esposa, então serva de um único patriarca.

O PODER SOCIAL E PSICOLÓGICO DO CONFESSIONÁRIO

O paradigma monista do passado – *mono*ssexual, *mono*cultor, *mono*poder – estimulou o culto ao individualismo. À sua volta eclodiram apelos unilaterais de vozes isoladas. O personalismo se imiscuiu nas farpas do patriarcado, engessando um perfil rígido e severamente particularizado. Os papéis sociais e sexuais dentro da casa-grande foram talhados com esmero. Demarcações de espaços sancionavam o espectro hierárquico. O isolamento respondeu a uma das características mais contundentes dessa sociedade inchada de machos e de exuberâncias falocráticas. A circularidade da fêmea se deu entre as grossas paredes de uma arquitetura comprometida com o domínio masculino. Se a ambiência física se galanteava em cercear os passos femininos, seu dédalo psicológico se esgueirou por entre frinchas assustadoramente minguantes. Precisaram, portanto, as mulheres encontrar válvulas de escape ou janelas entreabertas para evitar neuroses provenientes do panteão de homens-deuses.

Diante de uma concha perversa em isolamento feminino, o sistema tratou de minorar os frutos perniciosos derivados da supremacia do patriarca. Defendeu abertamente a prática do confessionário, veículo restaurador da ordem social e psicológica do grupo. As mulheres foram suas maiores usuárias – motivos não lhes faltavam. Freqüentadoras assíduas por carregarem culpas que a própria história do patriarcalismo fortaleceu ou procurou justificar. Culpas e mais culpas... somente a bênção do padre poderia apagar. E o confessionário congregava vantagens irrefutáveis: o segredo religioso trazia a marca do respeito e da confiabilidade. Aliás, um sigilo que se queria eterno.

Do mesmo modo, ninguém ia ao confessionário para declamar virtudes. Esperavam-se faltas, transgressões, recalques, pensamentos licenciosos... pecados. Os atenuantes eram muitos. Os pecados, também. Afinal, para os terríveis vícios, nada mais eficaz do que penitências institucionalizadas. Assim, limbos terrestres seriam proclamados, isto é, lugares onde os recursos da assepsia se instalavam com poderes invioláveis de verdadeiras faxinas morais. Ali, tudo se permitia. Inclusive pecar. Monopolizaram, tais conversas secretas, uma insígnia redentora: a de lavagem espiritual, no sentido figurado do termo. Descarga de máculas e impurezas. Alívio exterior. Tiveram uma função relevante na condução do equilíbrio feminino.

> [...] O confessionário [simbolizou] um meio que teve a mulher patriarcal no Brasil de descarregar a consciência e de libertar-se um pouco da opressão do pai, do avô ou do marido sobre sua personalidade (Freyre, 1981a, p. 120).

Confidências derramaram-se no sigilo sagrado. Não foram poucas. A subserviência açulou a profusão das emoções proibidas. O que se passava na cabeça dessas mulheres, acuadas em verdadeiras barragens de sentimento? Necessitavam falar. Mas necessitavam, sobretudo, acautelar-se de possíveis indiscrições. E somente por meio da confissão poderiam lograr o êxito da confiabilidade. Falaram para ouvintes adequados: especialistas na arte de escutar e nada revelar.

Disseram tanto essas mulheres... Quantas narrativas! A estrada da opressão já migrava de tempos ancestrais: bisavô, avô, pai, marido, filho. A seqüência se desdobrava, geração a geração. A circunferência não alterava a escala do mando. O cansaço abatia-se sobre ombros vulneráveis. Urgia verbalizar dores antigas e algumas indignas.

Dentre os insondáveis mecanismos compensatórios, os confessionários se beneficiaram de magias divinizantes. Evitaram a loucura; amenizaram angústias; "desarticularam" atos de rebeldia. E tudo a bem da sustentabilidade social, inconscientemente embutida na ação purificante do falar em nome de Deus. Receptáculo de lamúrias, de queixas, de injustiças, de humilhações, a genuflexão diante do padre significou a psicanálise dos séculos coloniais. O pecado arrependido serviu para dar vazão ao caos afetivo, aparando e agasalhando as tensões do cotidiano. Bem-vindos, pecados, companheiros solidários de revoltas imaginárias! Sob a adjetivação de incríveis maledicências, estavam sujeitos à graça clerical. O remédio, o confessionário, instrumento eficaz para a saúde da casa-grande. Talvez, nem sequer tenham se apercebido, os clérigos, dessa enorme contribuição. Irmanados numa fé jesuiticamente combativa e produtora de almas iluminadas, interessava-lhes apenas a conversão de heresias. O resto seria relegado a planos de menor importância.

Mais que sinônimo de religiosidade, substantivaram, as confissões, uma peça psicossociológica inestimável na vida da mulher. Equilibraram as forças antagônicas. Destruíram dúvidas. Trouxeram a paz interior. Burocratizaram o pecado, criando um processo "administrativo" por onde tramitavam os sonhos e as fantasias interditadas. De joelhos, mãos postas, cabeças cobertas pelo véu do pudor, as mulheres abeberavam-se das indulgências necessárias à harmonia existencial. Em nome do pecado ou, melhor dizendo, da sua posterior e sagrada assepsia, muita loucura foi sanada. Um revés catalisador de libertação. Pode parecer o máximo de contra-senso tal equação, mas não o é. Porque pecando garantiam os lucros da complacência. Só pecando a absolvição chegaria; e com o perdão de Deus, não dos homens!

Os confessionários substituíram os diários íntimos, inexistentes no Brasil colonial, povoado de gente analfabeta, sobretudo de mulheres incultas.

> Creio que não há no Brasil um só diário escrito por mulher. Nossas avós, tantas delas analfabetas, mesmo quando baronesas e viscondessas, satisfaziam-se em contar os segredos ao padre confessor e à mucama de estimação (Freyre, 1966, p. XLIV).

Por sua natureza secreta e silenciosa, puderam os confessionários hospedar variáveis transgressoras que a sociedade civil jamais aceitaria. Preconizavam a anistia divina subseqüenciada pela salutar absolvição social. Em primeiro lugar, a pureza legitimada por Deus. Em segundo, pelos homens. A hierarquia se delineava perfeita para a solução de problemas irremediáveis. Em estado de graça celestial e em estado de graça terreno, as mulheres alcançavam a tão ambicionada paz – o absoluto a contingenciar o não-absoluto.

Sua função catártica relativizou o perigo do "desejo impossível" ao atrair para si o dom da misericórdia divina. Quase um totem a recuperar a estrutura psíquica e moral sem denunciar almas pecadoras. Mulheres verbalizando impulsos desastrosos e higienizando-se de erros insuportáveis. Quão importante se mostrou o seu papel!... O único elixir para traumas e doenças letais. Um ralo poderoso por onde escoou a vergonha feminina. "[...] Pode-se atribuir ao confessionário, nas sociedades patriarcais em que se verifique extrema reclusão ou opressão da mulher, função utilíssima de higiene, ou melhor, de saneamento mental." (Freyre, 1981a, p. 94)

A utilidade social do ato confessional se revelou insofismável. De tal maneira que exerceu, no Brasil, a balança estabilizadora dos anseios individuais. O mesmo não parece ter acontecido no sul dos Estados Unidos, onde a loucura se disseminou, com mais evidência, exatamente pela falta de uma catarse personalizada. Embora a escrita nessas regiões tenha consignado um veio de expressão, não eliminou, entretanto, o peso da culpa. Memórias, cartas, diários somaram um conjunto de íntimos desabafos. Ainda assim, as mensagens dos cronistas deixam transparecer razoáveis níveis de descontrole emocional. De origem protestante, as inglesas não se abasteceram de rituais exorcizadores e acabaram mergulhando, com freqüência significativa, na insanidade mental. Os demônios habitaram, quais imperadores enfáticos, suas vulneráveis pulsões. As brasileiras beneficiaram-se do instrumento confessional. Acobertaram-se, assim, com mecanismos amenizadores de desequilíbrios que vieram a facilitar a drenagem das violações, quantas delas aparentemente irreparáveis. Purgavam-se. Desintoxicavam-se. Era uma limpeza para os nervos.

> [...] Aqui o confessionário absorveu os segredos pessoais e de família, estancando nos homens, e principalmente nas mulheres, essa vontade de se revelarem aos outros que nos países protestantes prevê o estudioso de história íntima de tantos diários, confidências, cartas, memórias, autobiografias, romances autobiográficos (Freyre, 1966, p. XLIII).

A mulher aliviava-se das máculas lançadas pelos estiletes jesuíticos, soberbamente eivados de preciosismos. A mística religiosa tem as suas vantagens e desvantagens. Como vantagem, a noção de transcendência acompanhada da linguagem de infinitude – a continuidade da vida confirmada pela visão divina. Mas a meta transcendental não acontece sem um crédito compatível com sua tranqüilizadora eficácia. O preço corresponde à exaltação da virtude. Ora, para se gozar das delícias do Paraíso, é preciso merecimento. Logo, purgar os males que infestam o corpo e a mente, desintoxicar o espírito de pensamentos iníquos, "lavar-se" de manchas porventura diabólicas são etapas de purificação. E o que é o pecado senão uma forma de controle social, a derrapar para a esfera religiosa mecanismos coercitivos?

O feminino abraçou, com prazer quase infantil, a catarse confessional. Explodiu seus sigilos nos ouvidos do padre, feliz por conseguir, de alguma maneira, ver-se livre de pechas pouco louváveis. Muito segredou. Segredou bem baixinho, na alcova do genuflexório, lugar provido de segurança. Ali, Deus encarregava-se de preservar e de socorrer os enfermos da alma. A doença eclodia em nefasta abundância somente para aqueles incapazes de discernir entre o bem e o mal. Nessa alquimia, nada mais natural que as oscilações pendessem ora para um lado, ora para o outro. Assim, reclamavam-se iminentes sortilégios de purgação.

As culpas foram adequadamente utilizadas pelo "manual" jesuítico, sábio no proveito de fantásticas oportunidades. Ao infringir as regras, adernava-se para o lado do mal. A resposta imediata exigia um viver adequado aos cânones do catolicismo. Dela, mulher, reivindicava-se um zelo próximo ao patológico. Que as impurezas se resolvessem na esfera do confessionário! Para isso, padres caprichavam na capacidade de saber ouvir e saber calar. E ouviram à beça. Calaram também.

Sem confessionários, sem diários íntimos, sem leituras, as supostas infratoras teriam submergido em anomalias graves. À repressão de uma cultura sistêmica em adversidades, os corretivos adequados. O ser humano não nasceu para suportar a carga de uma ortodoxia plasmada entre idéias boas ou más. Revivificar modelos ou aliviar os sintomas da doença moral fazia-se iminente. O confessionário pôde arrebatar sensações de perda de identidade e de dúvidas existenciais. Como arremate social, reconhecido e legitimado pelo grupo, convertia-se em um tratamento adequado à alma.

O Brasil salvaguardou-se com uma das expressões mais complexas de força místico-social. A escuta clerical indultou a mulher, permitindo-lhe o mínimo de dignidade. Da doença à saúde, era um pulo. Bastava apenas recorrer aos meios religiosos para deles extrair o beneplácito da tranqüilidade. E quantas almas se locupletaram da clemência divina!

O mundo patriarcal gritava por essa expiação. O padre conviveu egoisticamente com o íntimo da mulher, desvendando seus fantasmas nas mais profundas reentrâncias. Pena que o sigilo da confissão tenha retido informações tão preciosas. A História perde com o silêncio religioso. A Antropologia, mais ainda. Os confessionários "pecaram" por não permitir aos estudiosos da sociedade do passado o acesso às inquietações, às ansiedades, às transgressões da população feminina. Seria de importância fundamental o desvelar desses desabafos. O sigilo eclesiástico, eticamente louvável, apropriou-se, qual monopólio sacrossanto, dos enigmas os mais diversos. Religiosamente compreensível. Moralmente honroso. Antropologicamente lamentável. A ciência deixou escapar um canal de valor primal para as suas pesquisas. Nada mais pode ser feito. A magnanimidade dos propósitos, todavia, justifica a lacuna de dados tão imprescindíveis.

O silêncio sepulcral do confessionário correspondeu à credibilidade que dele emanou. No ouvido do jesuíta feneceram verdades jamais exteriorizadas; até hoje se perpetuam na liturgia cristã. Os segredos foram-se no tempo e na reclusão dos rituais religiosos da dialética patriarcal. As tramas, as intrigas, os fuxicos, as emoções, os amores, as paixões esvaíram-se nos ecos da ética católica. O Brasil não registrou em escrituras reflexivas a intimidade feminina. Essa, sim, a sua grande e irrecuperável culpa.

Mas a mulher, ao fazer uso da indulgência divina, ganhou o equilíbrio, pois salvaguardou-se da mesquinharia alheia. A segurança do sagrado permitiu-lhe devanear, neutralizando a malícia dos fantasmas ingenuamente obscenos. Somente a "escuta religiosa" pôde suavizar o lúbrico da imaginação com a outorga do perdão – autoridade que lhe conferiu o máximo de honra; probidade celestial e não prosaicamente terrestre.

Que as penitências servissem para aliviar as tênues infrações, assim como para possibilitar outras tantas. Contritas, as mulheres imploraram misericórdia. Em nome do padre e de Deus.

Amém.

Moda de mulher branca

A moda retrata a estética dominante. A aparência reproduz o que vai dentro de cada um. A sociedade presta muita atenção ao vestir porque dele depende uma série de tópicos que definem classes sociais e outras categorias responsáveis pela tessitura cultural. Vestir-se de acordo com os parâmetros esperados indica, no mínimo, um equilíbrio entre o estar e o ser. O indivíduo que se amolda às conjunturas reais corresponde a um indivíduo que adere aos costumes editados pela comunidade. Sem exageros de adaptação. Igualmente sem exageros de inadaptações. Um ou outro denunciam versões divergentes.

A moda possui uma natureza circular; tem função conotativa e denotativa; prende-se a uma mudança periódica de estilo. Obedece a regras que são veiculadas em figurinos em consonância com a época. A constante rotatividade de estilos exige ajustamentos contínuos: acentua o poder coercitivo, confirma modos e modas prevalentes num determinado espaço de tempo. Nesse sentido, a roupa é temporal e circunstancial. Oscila de acordo com variáveis que simbolizam os cosméticos de uma superficialidade aceita e deferida pelo sociológico.

Estar na moda é estar no topo social, é creditar ao coletivo a capacidade de discernir entre o belo e o feio. E o belo consubstancia a estética desejável, enquanto o feio, a desprezível. Tanto no homem como na mulher, o trajo tem um significado especial, equivalente a uma engenharia de privilégios: pode ser sinal de prestígio ou de estigma.

Pela roupa conhece-se sociologicamente o dono da roupa, razão pela qual o vestuário catalisa olhares críticos. A sociedade capitalista explora a circularidade da moda em padrões intermitentes – renovados em períodos assimétricos. O que evidentemente encarece e onera o trajar. O preço da elegância é alto. Mas vale a pena, uma vez que reproduz o ajustamento do indivíduo no grupo. Uma mulher bem posta consigna uma mulher respeitada; um homem bem posto indica um homem prestigiado. A Sociologia da Moda impõe deveres a machos e a fêmeas. Que eles sejam cumpridos, visando a aceitação de seus *corpos sociais*.

A moda também exprime a escolha do homem, isto é, o desejo masculino, aquilo que ao macho locupleta os olhos. Basta lembrar que os grandes figurinistas – com exceções, é claro – são homens e que o prazer masculino valida um imperativo cultural de forte consenso. Assim, a mulher veste-se para seduzir o homem, para chamar a atenção da sociedade e para se distinguir das outras mulheres. A emulação da beleza faz-se com claras evidências na centelha poderosa do traje. Que a aparência indica um escudo de respeito social, ninguém duvida.

> Assim, moda, [é um] fenômeno social ou cultural, mais ou menos coercitivo, que consiste na mudança periódica de estilo, e cuja vitalidade provém da necessidade de conquistar ou manter, por algum tempo, determinada posição social (Freyre, 2002, p. 17).

O nexo coercitivo da moda é polarizador, porque ele inclui ou exclui indivíduos no grupo social em vigência. Assim, imprime um duplo sentido – o de exclusão ou o de integração. O indivíduo na moda – quer homem, quer mulher – insere-se no contexto dominante. Fora dela, exclui-se e resvala para hiatos desfocados. A função coercitiva e a função coesiva possuem mão e contramão na circulação da estética da roupa.

A moda contrapõe os sexos. Acentua as diferenças. Feminiliza a mulher e masculiniza o homem. Constrói "esculturas" de referência. É importante que para cada sexo haja atrativos especiais que sirvam de traços distintivos. Na verdade, uma das funções da moda é embelezar para conquistar não somente degraus sociais, mas igualmente o sexo oposto, sensível às ondulações de uma estética bem elaborada. Com o fim de atender às múltiplas variedades de gosto, a vestimenta propugna a circularidade do costume. Estilos que se ajustam a gêneros opostos. Homem e mulher expõem modelos de roupa que confirmam feminilidade e virilidade. De um lado, os caracteres da fêmea; do outro, os caracteres do macho; ambos guarnecidos do invólucro da beleza.

O trajo permeia a vida privada e a pública. Veste-se em casa de maneira informal e, na rua, de maneira formal. Porém o paramentar é uma presença constante no ser humano habitante das sociedades ditas civilizadas. Quanto mais se cobre o corpo, maior o prestígio social. O homem nu cunha o estigma da barbárie. Os escravos andavam despidos e nem sequer tinham o direito de encobrir-se com dignidade. Vivenciaram a humilhação dos desprovidos de vestes. A civilização exige a roupa como manto diferenciador.

O certo é que o vestuário atravessa as fronteiras do privado e penetra o público, confraternizando os espaços num circuito de coreografias artísticas.

Se o âmbito privado se acomoda à rotina, a esfera pública reclama dimensões mais eficazes. O *status* do vestir começa necessariamente na casa e desemboca na exibição pública, palco de maiores apreciações. Dessa maneira, granjeia emblemas bipolares que acabam por verter na encruzilhada da posição social. Posição essa que já traz embutida a sexualidade do indivíduo num trajo formalmente reconhecido pelo desenho do tempo e do espaço, seja no privado ou no público.

> De fato o problema das vestes, como o da vida sexual, participa da área privada e da pública: projeta-se daquela sobre esta e reflui desta para aquela, como em um movimento pendular. A tradição corresponde a uma distinção entre traje de casa e traje de rua, distinção que se acentua nos contextos mais formais, e que o professado "informalismo" de nossos dias ainda não conseguiu extinguir de todo. Um pedaço de pano pode alterar o "efeito" da figura humana, e nas civilizações mais conhecidas a dignidade social sempre corresponde a um tanto mais de tecido ou de adornos sobre o personagem (Saldanha, 1993, p. 33).

A imagem do que se é socialmente advém de uma imagem produzida. O cabelo penteado de uma certa forma, a roupa discreta ou extravagante, os tons berrantes ou neutros dos tecidos tipificam modos de inserção na hierarquia comunitária. Do mais romântico ao mais racional; do mais agressivo ao mais tímido; do mais aristocrático ao mais popular. As gradações corresponderão à intenção do postar-se. A rede sociológica é construída em razão das relações interpessoais. Portanto, há de privilegiar construções sociológicas sob a hélice estetizante, de modo a se obter o efeito almejado: o de estimular pertencimentos grupais hegemônicos.

Os cronistas do século XVI, XVII e XVIII informam que as mulheres portuguesas vestiam-se em casa de cabeção e chinelo, arrastando os pés, como se arrastassem o peso de uma vida mal vivida. Sem a mínima expressão de zelo ou de cuidado no paramentar-se, deixaram vir à tona as plangentes dores psicológicas. Mulheres abandonadas. Quase sujas. Sem desvelo com a aparência.

Se em casa, no privado da esfera patriarcal, o relaxamento preponderava, na rua, entretanto, o exagero da pompa reinava. E com ares babilônicos. Uma figuração um tanto exótica, no mínimo estranha. Enfeitavam-se, as mulheres, em demasia. Adereços, jóias, braceletes. Uma verdadeira quermesse de variedade e de riqueza. Porém um luxo mal combinado, sem a lucidez necessária. De tudo faziam para se travestir de dondocas. Uma coisa é certa: as mulheres de antigamente arrumavam-se exclusivamente para sair. Como se tivessem vergonha de sua própria imagem dentro de casa.

> Na missa, vestidas de preto, cheias de saias de baixo e com um véu ou mantilha por cima do rosto; só deixando de fora os olhos – os grandes olhos tristonhos. Dentro de casa, na intimidade do marido e das mucamas, mulheres relassas. Cabeção picado de renda. Chinelo sem meias. Os peitos às vezes de fora. Maria Graham quase não conheceu no teatro as senhoras que vira de manhã dentro de casa – tamanha a disparidade entre o trajo caseiro e o de cerimônia (Freyre, 1966, p. 373).

Duas vidas. Dois comportamentos. Duas atitudes. A de casa, submersa na indolência; a da rua, resplendendo formosura. Remetendo a Maria Graham, vê-se o seu espanto em não reconhecer as mulheres nos espetáculos públicos, tamanha a diferença entre o estar em casa e o estar na rua. Adornavam-se não para os maridos, mas para outras mulheres porque, na verdade, não ousavam fazê-lo para homens estranhos, o que sugere a ansiedade de demonstrar em público elevados níveis de afortunamento. Na roupa, projetava-se a situação econômica, que se queria próspera no *ranking* do latifúndio monocultor. Enfeitadas da porta da rua para fora: nos teatros, nas festas religiosas, nas praças públicas e, sobretudo, nos costumeiros rituais cristãos.

Ao desfilar na igreja, impunha-se um certo retraimento; discrição e respeito; de preferência, cor preta. No teatro, contudo, outra performance, porque ali o exibicionismo deveria assumir feições retumbantes. O corpo parecia pouco para expor o "mercado persa" de jóias, brincos, pulseiras, colares... O exagero de aparatos significava manifestações externas de ilusionismo. O que se passava no interior de cada uma somente os espelhos conhecidos seriam capazes de refletir. E deles a memória histórica pouco preservou. Os esconderijos responsabilizaram-se por embaçar os sofrimentos, subtraindo algumas lamentações que apenas escamotearam lágrimas, jamais as eliminaram.

O excesso de adereços ofereceu uma visualização desagradável. A mulher, ao tentar embelezar-se com exóticos aportes, acabou por enfear-se. Sedas, veludos, rendas, chapéus, enfeites variados reuniam o instrumental das portuguesas em apresentações públicas. "[...] As sinhás-moças, vestidas de ricas saias de cetim, camisas de cambraia finíssima, cobertas de jóias de ouro, cordões, pulseiras, colares, braceletes e balagandãs." (Prado, 1962, p. 117)

Não há como empalmar o gosto colonizador: a portuguesa escandalizou a estética com uma mistura de arranjos que a caricaturou em esboços de espanto. Para alcançar a comenda da aristocracia, a mulher enformou-se em confusos paramentos, um verdadeiro picadeiro circense que a afastou dos princípios básicos da arte do bem vestir.

> [...] A julgar por Mrs. Kindersley, que não era nenhuma parisiense, nossas avós trajavam-se que nem macacas: saia de chita, camisa de flores bordadas, corpete de veludo, faixa. Por cima desse horror de indumentária, muito ouro, muitos colares, braceletes, pentes (Freyre, 1966, p. 370).

A cronista extasiou-se com a variedade de ornatos que as mulheres carregavam ao mesmo tempo. Falta de senso estético, de harmonia de cores, de equilíbrio de estilos – uma bizarria. Necessidade por vezes de simular opulências nem sempre condizentes com o circuito açucareiro. Exterioridade que representou um grande marco na sociedade do passado, tão dependente de reconhecimentos sociais.

Disfarçar a tristeza ou qualquer outro sentimento que pusesse em xeque a coesão familiar foi a ordem do dia no mundo patriarcal. Nada de difundir ponteiros que viessem a acusar baixas econômicas. Isso, jamais. A indumentária serviu de escudo protetor para corpos pouco amados. Brasão que realçou a altivez de uma família pautada em condecorações latifundiárias e escravocratas. Homenagens e homenagens à sombra do açúcar, o mais exigente em ditaduras ostensivas. A roupa estrondou como uma aliada importante que serviu de ornamentação alegórica a uma rua tão estreitamente ligada à cancela do engenho. Instrumento poderoso na cena teatral. Que os fingimentos nublassem os possíveis esboços de declínio canavieiro.

O estilo de vestir da portuguesa explorou excessivamente requintes de complementos: rendas, babados, bicos. E, na cabeça, o chapéu trabalhado com plumas. Foi tal o uso desses adereços que, no Brasil, se desenvolveu em larga escala a arte do bico, da renda e da pluma. Acessórios inevitáveis para um fidedigno retrato de família. Todos bem postos, roupas adequadas, chapéus de aba larga, saias armadas, espartilhos adelgaçando o corpo, ternos escuros, coletes abotoados, sapatos finos, bengalas no grito da moda...

Cabelos longos, mãos bem tratadas, pés cuidadosamente calçados, esses os traços diferenciadores de classe. Emblema de respeito. Mãos, pés e cabeça, um trinômio bem significativo na configuração das extremidades. Mãos delicadas, mãos que não trabalham; pés delicados, pés que se escondem do massapê, calçados com sapatos por vezes pouco confortáveis, objetivando a formatar a artificialidade do *ethos* da época – pés pequenos, mimosos, frágeis. Cabelos compridos requerem cuidados especiais, um demonstrativo de ócio e de tratos especiais; subseqüentemente, de horas vagas, para não dizer de longas, longuíssimas horas vagas. O cabelo, tanto na mulher como no homem, patenteou um privilégio somente digno das camadas aristocráticas.

> [...] A ostentação de cabeleira e de pé bem tratado e bem calçado foi, no Brasil patriarcal, ostentação mais de raça branca ou de classe alta – ou pelo menos de classe livre – do que de belo sexo. Mas não desprezemos o fato de que foi também ostentação de sexo belo, ornamental, como que nascido principalmente para agradar o outro: o forte. Física e economicamente forte (Freyre, 1981a, p. 100).

Exercera tamanha significação a estética do cabelo, dos pés e das mãos que o seu uso tornou-se proibitivo à mulher negra, sempre de cabelo curto ou pano na cabeça, pés e mãos desgastados pelo eito ou pela lide da casa. O cabelo, ao natural, guardava um toque de liberdade, uma variável conotativa para a interpretação sociológica. O penteado teve uma representação hierárquica tão forte que seus estilos extravagantes atingiram o esquisito. Formas elaboradíssimas alfaiadas com pentes, coques volumosos, grandes tranças. Facho diferenciador que beirou o caricatural. Os próprios nomes indicaram o viés pejorativo: tapa-missa, trepa-muleque... A cabeça sinalizou um ponto de distinção. Cobri-la traduziu-se em perda de autonomia: um manto humilhante com estereótipos de inferioridade e posições excludentes. Assim, mãos tratadas, pele fina, compleição delicada, modelos de cabelo denunciavam o repouso e a inação, só permitidos à senhora de engenho.

A moda serve para exaltar conceitos impregnados no imaginário coletivo. O homem de barba, o homem sem barba, a mulher de cabelo comprido, a de cabelo curto arrematam os ideais do grupo dominante. A barba significou tanto na pirâmide patriarcal, que um galã de teatro – já no final do Segundo Reinado – foi estrondosamente vaiado quando apareceu no palco sem barba nem bigode. A força de quem determina os padrões normativos infere conceitualizações de gênero e de classe, definidas em polimentos selecionados como referenciais de legitimidade. O indivíduo, homem ou mulher, precisa legitimar sua identidade e sua cidadania para ser enaltecido pela lógica da sociedade na qual se insere.

A mulher portuguesa obedeceu a caprichos que provieram tanto do gosto masculino como do concerto patriarcal, um e outro a destilar formas de vestir. Vestir adequadamente para diferenciar *status* e aumentar as distâncias sociais.

A aparência fortalece as desigualdades e robustece o fosso entre ricos e pobres. Seguindo os princípios da ostentação, a mulher branca fez uso de recursos estéticos com o objetivo de dividir classes e reforçar a sanfona da hegemonia. Sentiu-se gratificada sob a capa do desejo dos que a olhavam. Porventura seus maridos?

A indumentária acompanhou a escala social. Muitas jóias, muitos enfeites, muita arrogância. Com roupas extravagantes, adornos não menos extravagantes, cabelos compridos, penteados exagerados – burlescos, grotescos, até ridículos –, mãos bem-tratadas, pés recolhidos em fôrmas civilizatórias, a portuguesa credenciou-se, à base de pura superficialidade, em senhora faustosamente paramentada.

Envelhecimento precoce

De súbito, senhoras. De meninas-moças ao declínio. Amadurecidas em estufas. Frutos que feneciam ao arranco dos repentinos ritos de passagem. Corroíam-se antes de alcançar a idade do discernimento. Ao casar, as precauções com a estética diminuíam ou desapareciam. Afinal, ao garantir o matrimônio, a mulher cumpria sua penúltima conquista – restava-lhe ainda a maternidade – e já não havia razões plausíveis para o apreço à beleza. O casamento foi um verdadeiro divisor d'águas no ciclo de vida feminino. Atravessada a fronteira, delineava-se o início do desgaste. Começo de decadência exterior.

O afear-se ganhava a consistência do desleixo. Mulheres engordando; consumidas em corpos abandonados. Com dezoito anos, matronas, pesadas, largadas ao destino. Aos vinte anos, a ruína. A sociedade patriarcal foi cruel para com a portuguesa. Cedo se fez tarde nessas jovens. Quando tudo deveria começar, o ocaso emergia exuberante, a demandarem-lhes as últimas forças. Após os vinte anos, a derrocada instalava-se em um corpo exaurido por invasões indébitas. Adquiriam papadas. Tornavam-se másculas, assumiam ares de homem. Perdiam a feminilidade.

> As mulheres amadureciam cedo. Os anos de infância raras vezes estouvada eram curtos. Aos catorze ou quinze anos, a menina vestia-se já como uma grave senhora. Os daguerreótipos da época trazem até nós figuras de meninotas amadurecidas antes de tempo em senhoras: senhoras tristes, tristonhas (Freyre, 1977, p. 86).

O desequilíbrio alimentar denunciava a sublimação de outras vontades. A gula, que se propagou entre as mulheres coloniais, justificou-se pela insatisfação humana: caminho catalisador de desajustes sexuais e sociais. O prazer do paladar ocultou a frustração de muitos devaneios. Como escoadouro de tensões, a comida teve função reguladora. A portuguesa comeu muito e mal, sobretudo mal, beliscando a toda hora sobremesas apetitosas; assim, desnorteou os seus anseios; o açúcar serviu-lhe de repasto aos desencantos.

É justo avivar-se um outro aspecto não menos relevante: a obesidade, ao destruir a beleza estética, aponta para indícios de autopunição. Ora, se a vida da mulher branca não lhe proporcionava gozos suficientes, impossível seria o culto do corpo, conseqüência direta do equilíbrio corpo–sexualidade–existência. Para que reprimir então a sofreguidão pela comida? Se a medida da comida era a medida do desejo? Até que ponto a auto-estima se faz presente em um sujeito sem os esteios sentimentais capazes de inibir instintos outros? A gula resvalou na grande válvula de escape sexual. Aquém dos parâmetros da beleza, a mulher se encolheu em uma demonstração de desinteresse pelo *eu* sedutor de outros *eus*. Na impossibilidade de outros *eus*, sonegou, sem piedade, o seu próprio *eu*.

O homem conservou melhor o corpo, submetendo-se a rotinas que lhe impunham alguns deveres. Andou a cavalo, percorreu o canavial em sistemáticas diligências, levou uma vida mais próxima da natureza. Não por livre vontade, antes pelas obrigações que o eito lhe exigiu. Sua musculatura se manteve mais rija – nada de formas exemplares – e, lembrem-se, sua relação com o corpo deu-se com ruidosa intimidade, porque os amores clandestinos ofertaram-lhe momentos de extraordinária vibração.

A vida em negativo fisgou a mulher através de vetores exógenos. Houve razões concretas para o desencanto. O homem não lhe minorou as agruras. Apresentou-se sádico no tratamento para com a esposa e reivindicou-lhe incumbências para além do que podia. O patriarca enraizou-se na arrogância da posição que, muitas vezes, compendiou um "cerrado" invisível de fraquezas. Mas o macho jamais pôde externar sintomas de fragilidade. Até porque a sociedade falocrática não admitia indecisões por parte do senhor, chefe da casa-grande, onipotente, e talvez infalível. O sadismo imperou. Mulheres abafadas, acanhadas, mortas antes do dia.

À guisa da submissão mulçumana, a mulher submergiu no sedentarismo. Passeava de rede para poupar energias. A preguiça venceu a euforia de viver. Naturalmente que a preguiça decorreu de diversos fatores, uns e outros em constante intersecção. A auto-anulação aparentou-se à preguiça e, juntas, migraram para a profunda melancolia do existir. Até mesmo à Igreja a lusitana ia refestelada em redes. Imagine-se a inércia que se apoderava desse corpo! Somente mais tarde, tal ostentação – a de chegar em recinto religioso em cômodas redes amparadas por escravas – foi proibida pelo caráter desditoso que a cena denunciava. Outrossim, o excesso de luxúria, com escravos submissos e senhores pedantes, ensejava um péssimo exemplo para uma Igreja que deveria apregoar preceitos menos desiguais.

Foi preciso que os bispos proibissem tamanha ostentação de indolência. "Por nos parecer indecente entrarem algumas pessôas do sexo feminino em serpentinas, ou redes, dentro da Igreja, ou capellas, prohibimos o tal ingresso", escreveu em pastoral de 19 de fevereiro de 1726 o Bispo de Pernambuco Dom Frei José Fialho (Freyre, 1966, p. 370).

Existem claras diferenças entre o sedentarismo e a ociosidade. O primeiro revela um aspecto doentio da personalidade individual ou do sistema propiciador de comportamentos patológicos. A escravidão condicionou esse tipo de postura que veio a abundar num estuário de aberrações. A indolência foi uma delas. Fruto de uma consensualidade escravocrata, espalhou-se pelo doméstico como um germe nocivo e perverso, porém contrastantemente aprazível. O sedentarismo acabou por calcinar espíritos numa anulação arrasadora, que concorreu para destruir alentos de criatividade. O segundo, a ociosidade, quando bem orientada, pode estimular momentos de vôos de inventividade. O ócio carreia impulsos à meditação e à criação, porque nele se encontram imprescindíveis frações de lazer, o que propugna o ofício do bem-pensar.

Por efeito, um e outro se distinguem em pólos quase contrastantes. O ócio é de grande valia para a construção de uma identidade equilibrada, portanto estimuladora de louváveis aspirações. As possíveis antinomias, egressas dos respectivos conceitos, devem ser esclarecidas de modo a evitar nebulosos equívocos. Entenda-se que, para o ócio germinar bons frutos, há que conceitualizá-lo em dimensões de renovação. Não se estabelecendo as fronteiras, os opostos acabam por se atrair na mesma linha de negatividade. De sedentarismo *versus* ócio a sedentarismo *igual* a ócio, a travessia pode suscitar linhas tão tênues que se torna difícil demarcá-las. Os limites reduzem-se na linearidade de um conceito que, de oposto, ganha a similutude dos iguais.

A mulher fez do ócio um caminho de inutilidade. Confundiram-se as acepções, uma vez que os pontos de ligação se cruzaram em pólos aparentemente extremos, mas de intimidade entre si. O ócio pode contrapor-se ao sedentarismo, a depender da ótica em que é analisado. No feminino, aliaram-se numa conjugação improfícua, que só trouxe sérios malefícios.

Aos vinte e cinco anos, mulheres velhas no quinto ou oitavo parto. Arruinadas, como se tivessem sessenta. Canhestramente absorvidas por tarefas impiedosas, ou pelo "sedentarismo ocioso" que as arrastou a abismos de decadência. "As mocinhas ou meninotas não eram feias; notou, porém, Mrs. Kindersley que as brasileiras envelheciam depressa; seu rosto tornava-se logo de um amarelo doentio." (Freyre, 1966, p. 370)

O menino chorando, a fralda por mudar, a receita para experimentar, os banhos mornos para baixar a febre dos recém-nascidos, a calça do marido a sugerir limpeza, o candelabro embaçado, a cômoda cheia de poeira... as ordens para dar. Um claustro circular sem o mínimo de deleite pessoal. Uma orfandade intelectual, traduzida em estéreis atos de anulação. Asfixiadas pela dose letal do oxigênio da obediência e por sentimentos hipertrofiados de abnegação, essas mulheres, logo, num piscar de olhos, se faziam velhas. "Aos dezoito anos, já matronas, atingiam a completa maturidade. Depois dos vinte decadência. Ficavam gordas, moles. Criavam papadas. Tornavam-se pálidas. Ou então murchavam." (Freyre, 1966, p. 372)

O sistema patriarcal não adotou mecanismos proteladores e até salvadores de "ruínas" físicas prematuras. Deu-se o revés. A decadência chegou cedo, aliás, cedíssimo. Com vinte anos, os corpos já se mostravam conspurcados. As mulheres desmoronavam numa madrugada antecipada, sem terem vislumbrado sequer a luz da juventude. Arruinavam-se plasticamente. Tornavam-se desatraentes, imbuídas da própria declividade. Mulheres à beira de um ataque de nervos, como diria o cineasta espanhol Almodóvar. Na verdade, mulheres que se sentiram à beira de tudo. E jamais conseguiram ultrapassar o *estar à beira* da existência.

Era tanta a ingerência do açúcar na rotina colonial que se tentou erroneamente atribuir ao excesso de sacarose no sangue a grande causa da lassidão dos portugueses, homens e mulheres. Tal afirmação sofre veementes ataques. O açúcar gerou responsabilidades indiretas, a das estruturas impostas pela monocultura e pela escravidão. Essas, sim, carrearam responsabilidades. A acídia subseqüenciou o sistema, ancho de aparatos e de mordomias decorrentes do poder do canavial. O açúcar agiu por tabela. Sua ação deu-se por meio do complexo que ele gerou: da cana, com todas as arrogâncias, todos os defeitos, todas as qualidades e benfeitorias.

Mas o açúcar não imolou o corpo da portuguesa. Ao contrário, essa se deixou imolar, antes mero instrumento da dinâmica econômica. Os casuísmos adicionais são sofismas pouco qualificados. Ninguém pode negar os insumos culturais do complexo por ele exercido – componentes que se atam entre si: alguns adocicados; outros com gosto de fel, como a escravidão. O que não se pode é acusar o açúcar – como puro alimento – dos malefícios da rede social.

Será que a gordura e a lerdeza andaram de mãos dadas com o propósito de afastar a mulher de uma vida ágil e capaz de competir? Aos valores invertidos de uma sociedade falocrática somam-se ainda estratégicas artimanhas?

> Talvez nos motivos psíquicos da preferência por aquele tipo de mulher mole e gorda se encontre mais de uma raiz econômica: principalmente o desejo, dissimulado, é claro, de afastar-se a possível competição da mulher no domínio, econômico e político exercido pelo homem sobre as sociedades de estrutura patriarcal (Freyre, 1981a, p. 93).

O feminino definhou em circunlóquios de nulidade. Autoflagelou-se em estados de desânimo. Tombou cedo numa visível resignação. Feneceu. Precocemente a portuguesa disse adeus à infância, aos verdes anos, à beleza. Murchou em imagens melancólicas. Acenou lenços brancos, de despedida sensual.

> Pena que tão cedo se desfolhassem essas entrefechadas rosas. Que tão cedo murchasse sua estranha beleza. Que seu encanto só durasse mesmo até os quinze anos. Idade em que já eram sinhá-donas; senhoras casadas. Algumas até mães (Freyre, 1966, p. 373).

As palavras de Marguerite Duras resumem o envelhecimento repentino de um rosto que ainda se quer pleno de juventude. E, de repente, desaba ao sabor de um tempo mais psicológico que biológico. De um tempo social. E o tique-taque do relógio acelerou-se na seqüência assustadora dos dias e das noites das nossas queridas mulheres do passado.

> Quando eu tinha dezoito anos já era tarde demais. Entre dezoito e vinte e cinco meu rosto tomou uma direção imprevista. Aos dezoito anos envelheci. Não sei se é assim com todos, nunca perguntei. Creio que alguém já me falou dessa investida do tempo que nos acomete às vezes na primeira juventude, nos anos mais festejados da vida. [...] Tenho um rosto lacerado por rugas secas e profundas, sulcos na pele. Não é um rosto desfeito, como acontece com pessoas de traços delicados, o contorno é o mesmo mas a matéria foi destruída. Tenho um rosto destruído (Duras, 1985, p. 7-8).

PARTE III

A NEGRA POR ENTRE OS CORREDORES DOS PASSOS FRUSTRADOS

Na ternura, na mímica excessiva, no catolicismo em que se deliciam nossos sentidos, na música, no andar, na fala, no canto de ninar menino pequeno, em tudo que é expressão sincera de vida, trazemos quase todos a marca da influência da negra. Da escrava ou da sinhazinha que nos embalou. Que nos deu de mamar. Que nos deu de comer, ela própria amolegando na mão o bolão de comida. Da negra velha que nos contou as primeiras histórias de bicho e de mal-assombrado. Da mulata que nos tirou o primeiro bicho-de-pé de uma coceira tão boa. Da que nos iniciou no amor físico e nos transmitiu, ao ranger da cama-de-vento, a primeira sensação completa de homem. Do muleque que foi o nosso primeiro companheiro de brinquedo.

Gilberto Freyre

Clandestinidade sexual

Havia faceirice na mucama. Uma alegria ingenuamente maliciosa. Corpo atlético, pele macia, dentes alvos e bonitos, trazia ela a fleuma de quem convive com a vida numa relação de prazer. Com jeito fogoso, transformava o cotidiano numa rotina agradável. Sem a lascívia da mucama, o que teria sido da casa-grande?

Se as pretas velhas e as mães negras ocuparam um lugar de honra na família patriarcal – as primeiras, como ordenadoras do doméstico; as segundas, como mães postiças –, a mucama não lhes ficou atrás. Peça fundamental da engenharia privada, soube habilmente emoldurar a ambiência com um perfume afrodisíaco que muito agradou ao patriarca. Uma estrutura, a doméstica, que tinha tudo para resvalar no tédio e na insipidez, recebeu estímulos portentosos. Não permitiu ela, escrava submissa, a solidificação de um universo enfadonho, fastidioso, magro de adultas traquinices.

Enquanto as pretas velhas detinham o poder regulador da casa-grande, à mucama cabiam tarefas mais "assanhadas", menos virtuosas, principalmente menos assépticas. Espalhava, com a sua brejeirice, toques de sexualidade por espaços, muitas vezes, vazios de esperança. Correspondeu, na verdade, ao grande facho fescenino do doméstico.

A noção de sensualidade distanciou-se dos matrimônios do passado. O princípio do prazer foi rechaçado em nome de uma conduta moralista enobrecedora dos casamentos patriarcais, esses imunes às chamadas "aberrações" sexuais. Ora, a mulata distorceu os rótulos da legalidade: tudo lhe era permitido, uma vez que não preconizava a probidade dos desenxabidos conúbios. À margem, rente à passarela da perfeição, dela toleravam-se as infrações, que constituíam apenas abusos clandestinos não contabilizados no arquivo matrimonial. Muitos dos moleques, companheiros dos nhonhôs, eram filhos ilegítimos de relações paralelas, não amparadas pelas regras da sociedade. Relações secretas que se assentavam ao largo das sacrossantas leis sociais. E compendiaram o gozo proibido do patriarca, louco por espargir a sua impulsividade libidinal.

Escudava-se a mucama no imaginário não legitimado pela sociedade; por efeito, o imaginário leviano e maléfico, de todo desprezível pela moral vigente, porém essencial ao equilíbrio dos antagonismos. Enxotando moscas, dando cafuné, contando histórias, contribuindo para que o tempo passasse menos monótono, ia governando a rotina, levando às casas-grandes um pouco de alvoroço. Com esperteza, gerenciou o tédio aparentemente difícil de eliminar.

>Sabe-se que enorme prestígio alçaram as mucamas na vida sentimental das sinhazinhas. Pela negra ou mulata de estimação é que a menina se iniciava nos mistérios do amor. "A mucama escrava", observou no meado do século XIX o romancista Joaquim Manuel de Macedo, o célebre, d'*A moreninha*, "embora escrava, é ainda mais que o padre confessor e do que o médico da donzela: porque o padre confessor conhece-lhe apenas a alma, o médico, ainda nos casos mais graves de alteração de saúde, conhece-lhe imperfeitamente o corpo enfermo, e a mucama conhece-lhe a alma tanto quanto o padre e o corpo mais do que o médico" (Freyre, 1966, p. 365).

Mergulhou fundo a mulata "astuciosa" no corpo e na alma da portuguesa. Confidente, mestra e escrava. A submissão amalgamou-se à cumplicidade. O teorema inverteu-se na produção de equações inesperadas. A portuguesa a ela falou e cobrou-lhe o sigilo confessional numa relação só explicada pelo emaranhado de indefinições de identidade. Era preciso extravasar os recalques. E a mucama exprimia a presença permanente; logo, o canal mais próximo de escuta. Os desabafos explodiam.

Escutando, a mucama detinha segredos que muito significaram dentro do âmbito da casa-grande. A mulher, a menina, o patriarca e o menino nela depositaram migalhas de insurrectos. O menino a via com olhos de garanhão, ávido de safadezas. A menina vislumbrava a ingenuidade de construir castelos e de decifrar o libelo do amor, que lhe foi proibido desde a tenra idade. A mulher confidenciou-lhe dramas íntimos. O patriarca enxameou-lhe sexo na rede do alpendre. O prazer acabava, por assim dizer, a diluir-se na figura da mucama, que monopolizou o gozo pecaminoso com direitos autorais reconhecidos.

O corpo da mucama desafiou o tempo. De compleição mais hirta, seus músculos não perderam precocemente a forma escultural. A constância do trabalho funcionava como um elemento de conservação de beleza. Exercícios físicos involuntários proporcionaram a manutenção de um retrato cobiçado pelo macho. Não feneceu rapidamente esse corpo exuberante. A juventude da africana prolongou-se por muitos anos, ludibriando idades porventura avançadas. Com quarenta anos, ainda plena de energia. De porte esguio, a contrastar com o da portuguesa, vítima de uma decadência vertiginosamente madrugadora, a negra superou os vestígios implacáveis do relógio. Foi acintoso tal abismo de beleza, ou melhor, de jovialidade. Porque a jovialidade quase sempre mantém fortes vínculos com a beleza. Uma e outra andam juntas, a mistificarem os modelos da estética. A branca murchou rapidamente, à custa do tributo de uma maternidade inclemente. Afeou-se, envelheceu, morreu. A negra ou a mulata, ambas permaneceram desvanecedoras na aparência. Não desbotaram de pronto. A maturidade cristalizou o perfil no espelho do tempo. Contornos definidos; mãos alongadas; corpos afeitos à espontaneidade. Transpôs a birra do frio calendário, apoiando-se no estilo invejável de uma estátua minuciosamente talhada para o belo. Enquanto a branca perdia o viço, a mulata o ganhava com a experiência adquirida, o que lhe custou a inveja da outra, a portuguesa, já na esteira do ocaso.

O certo é que a mulata conquistou uma vantajosa situação. Acostumada ao calor, não sofreu diante de um clima causticante. Ao contrário, usufruiu da mais-valia que a linha do equador poderia sugerir-lhe. Mormente, a maternidade não a incomodou com rebentos consecutivos. Longe de uma imposta fecundidade e ao largo das insossas uniões conubiais, sobrava-lhe o fardo da escravidão. E era muito. Muitíssimo. Mas a mulata da casa-grande – frise-se: da casa-grande – enganou a escravidão com subterfúgios bem consistentes. A lhaneza da portuguesa não suportou a arrasadora máquina doméstica, o que levou a negra a suplantá-la em resistência e em manobras neutralizadoras. Com metáforas que lhe favoreceram o corpo, já por si mais renitente, não capitulou diante dos inesperados crepúsculos. Assistiu a ricos e coloridos amanheceres. A juventude acompanhou-a vida afora – séculos de dominação, séculos também de sedução.

> Parece que as negras não ficam velhas tão depressa, nos trópicos, como as brancas: aos quarenta anos dão a impressão de corresponder às famosas mulheres de trinta anos dos países frios e temperados. Uma preta quarentona é ainda uma mulher apenas querendo ficar madura; ainda capaz de tentações envolventes (Freyre, 1966, p. 478).

Inteiramente devotada às solicitações da intimidade, a mucama ocupou as longas tardes de modorra. À falta de leitura, tão comum às nossas tataravós, substituíram-na simplórios momentos de conversa fiada. Os vagares do engenho foram preenchidos pela tagarelice da cozinha, o centro da mediocridade de mulheres despidas de interesses literários. "[...] A tagarelice desenvolveu-se quase toda nas conversas com as pretas boceteiras, nas tardes de chuva ou nos meios-dias quentes, morosos." (Freyre, 1966, p. XLIV)

Sinhás-donas e sinhazinhas entretiveram-se fazendo rendas, cosendo, bordando, recebendo cafunés, deixando catar os piolhos, acolhendo com regozijo as fabricadas frinchas de vento – o abano foi muito usado para espantar as moscas, cabendo às mucamas diligentes vigilâncias. Supria-se, dessa forma tão comezinha, as necessidades de mulheres pertencentes a uma aristocracia quase analfabeta. É bom que se explique: houve exceções. Neste presente texto, contudo, procuro lidar com o comum, o ordinariamente ritualístico, o antropologicamente rotineiro.

Num patriarcalismo onde a clandestinidade sexual minou à brava, sem critérios de controle de concepção e com políticas explícitas de povoamento, são por demais viáveis os casos de incesto. Até porque a ilegitimidade estimulou relações entre raças e classes diferentes, mantendo-se, todavia, as aparências de um legalismo farisaico. A mistura se dava dentro da casa-grande por onde moleques e molecas transitavam, muitas vezes filhos ou filhas bastardos do patriarca. O intrincado da tela doméstica facilitou os intercursos sexuais dos rebentos clandestinos com meninos portugueses normalmente iniciados no sexo pelo moleque, que se submetia ao império dos patriarcazinhos. Sacos de pancada, companheiros desqualificados, concebidos em amores secretos, os filhos naturais sempre estiveram prontos para fabricar lazeres para os ioiôs autoritários.

A par de tudo isso, não poderia passar despercebido o brilho da mucama. Porém a sagacidade, o riso, a beleza, a brejeirice indicaram facas de dois gumes. Os desafetos e as rivalidades infernizaram sua vida. Enlouqueceram o patriarca, criaram uma *mise-en-scène* favorável ao cotidiano, mas também serviram de objeto de expiação das mulheres portuguesas, tão desconfiadas dos atrevidos maridos. Parece que as sociedades escravocratas absorvem lamentavelmente maior crueldade das senhoras que dos senhores no tratamento dos escravos.

> Sinhás-moças que mandavam arrancar os olhos de mucamas bonitas e trazê-los à presença do marido, à hora da sobremesa, dentro da compoteira de doce e boiando em sangue ainda fresco. [...] Outras que

espatifavam a salto de botina dentaduras de escravas; ou mandavam-lhes cortar os peitos, arrancar as unhas, queimar a cara ou as orelhas. O motivo, quase sempre, o ciúme do marido. O rancor sexual. A rivalidade de mulher com mulher (Freyre, 1966, p. 362).

O lado negativo da submissão pressionou mecanismos de sobrevivência que avultaram na dialética colonizadora. A negra percebeu a urgente necessidade de reagir, enriquecendo sua personalidade e sendo forçada a redobrar as energias numa atitude de sábio enfrentamento. Matou charadas e ludibriou muitos olhos ofegantes de paixão carnal. E, seguramente, fortaleceu-se na humilíssima condição de ser apenas escrava.

Um cristianismo lírico e sensual

A religião destacou-se, no Brasil dos tempos da bagaceira, como um duto expressivo na formação dos valores culturais. Em alguns povos, o lado místico provoca a delimitação de facções sectárias. O lidar com versões relacionadas a laços de finitude conduz a certos exageros que são compatíveis à dureza da realidade enfocada. É da própria natureza humana a elaboração de atitudes "fanáticas" ao se tratar do sistema ideológico da transcendência. A ortodoxia do cristianismo jesuítico colonial, entretanto, deu lugar à heterodoxia do animismo-fetichista, isto é, permitiu a fundamentação de um conjunto de idéias mais frouxo e, conseqüentemente, mais lasso. Na verdade, os entrecruzamentos foram tantos que as acomodações abrolharam. Ao invés de dividir, a religião uniu; ao invés de acicatar isolados proselitismos, propiciou pluralismos; ao invés de elidir crenças, ofertou altares para deuses no sentido de multiplicidade. Traduziu-se num poderoso cerco de equilíbrio, de harmonia, de compensações simbióticas.

O Brasil parece ter sido, e ainda é, o país das ambigüidades, caracterizado por contrastes e, ao mesmo tempo, por unidades. Fortes interligações, geradoras de um pensamento "comum", circundam a vastidão territorial. Na religião, tais paradoxos engrenaram-se com muita percuciência. Não criaram idiossincrasias nem comportamentos estanques. Fundiram mentalidades por meio da superposição de formas sincréticas. Serviram para galvanizar e conjugar oposições: o negro, com o fetichismo pleno de angulações; o índio, com o animismo atávico, não menos fetichista e garbosamente totêmico; o português, com a plasticidade suscetível a variâncias místicas.

O catolicismo brasileiro vestiu-se de túnicas líricas. Resultou de encontros ecléticos, quase holísticos. Portugal, já por si, evidenciava um misticismo carregado de "hiperestesias", talvez até despersonalizado nas múltiplas raízes: romanas, mouras, judias, bárbaras, pagãs, cristãs... Do islamismo advieram inúmeras influências que amoleceram o quadro religioso em vigor. A seu jeito, esculpiram a mentalidade do português ou fê-la conviver com outras formas de conhecimento religioso, aumentando a percepção para além de si mesmo. Propenso que era à aceitação de novos modelos, o lusitano soube associar crenças, evitando setorializá-las em parâmetros separatistas.

O mundo português não se fechou num catolicismo intransigente. Permitiu achegas que viriam mais tarde acasalar-se às predisposições indígenas e africanas. O colorido resultou em um *dégradé* e realçou atitudes de simpatia, desaguando num surrealismo religioso. Sim, digo *surrealismo religioso*, porque acredito que as tonalidades dos pincéis atuaram eficazmente no misticismo brasileiro, de modo a torná-lo polivalente e multideológico.

A plasticidade do reinol no acolher sábios influxos vem de longe. Dessa forma, a raça, à margem de critérios de "sisudez" étnica, desenvolveu suportes altamente facilitadores, que contribuíram para a excelente predisposição a novos contextos, deixando fluir dentro de si a face sincrética, tão valiosa no processo interacional. A influência moura – e outras influências, inclusive a judaica, mas principalmente a moura – revelou-se fundamental para o liberalismo de princípios valorativos. Um fértil relativismo sobreveio. Escapou, assim, do absolutismo que outros povos apresentaram. Ao aceitar nichos simbólicos de raças diversas, relativizou a concepção de identidade, desdobrando-se numa versatilidade de comportamento.

As tendências mouras derramaram-se sobre o ibérico, a traçar um cosmopolitismo pródigo de heterodoxias. Ecumenismo que vai transparecer na personalidade do português, receptivo à força de uma religião que não se "deteriorava" com flagelos carnais. Arruinou-se muito mais em erotismo carnal. O macho aplaudiu com entusiasmo a maleabilidade de um catolicismo arrevesado, quase inspirador de pecados. Pecados de luxúria, aquelas melífluas transgressões que sempre o atraíram. Toques fesceninos estimularam gozos sexuais tão do agrado do colonizador ibérico.

Religião com cheiro de carne, sensualizada em atos furtivos de prazer, todos capazes de auferir níveis elevados de procriação. Indulgências carnais para homens anestesiados de orgasmo. O cristianismo abrandou seus princípios para apaziguar a angústia civilizatória do povoamento. E apaziguou muito bem. Com esbanjadores acenos; com artifícios meticulosos; com focos exagerados de lubricidade. A rotina entremeou-se de apelos sexuais que animaram a festa da carne, religiosamente permitida, o que já lhe conferia ganhos adicionais – regalos divinos, abençoados pela liturgia da fé.

> Das religiões pagãs, mas também da de Maomé, conservou como nenhum outro cristianismo na Europa o gosto de carne. Cristianismo em que o menino Deus se identificou com o próprio Cupido e a Virgem Maria

e os Santos com os interesses de procriação, de geração e de amor mais do que com os de castidade e de ascetismo. Neste ponto o cristianismo português pode-se dizer que excedeu ao próprio maometismo (Freyre, 1966, p. 245).

Santos de carne e com o mesmo sensualismo de homens desejosos de copular. A religião reacendeu a pulsão já bastante inflamada pela chama da libido portuguesa. Encorajado pela Igreja, o sexo tornou-se mais leve e solenemente mais outorgado por mãos que não eram humanas. Mãos sublimes com o poder de aplacar o maior de todos os defeitos. Machos e fêmeas desfrutaram o êxtase de uma sexualidade acariciada por Deus. Que mais se poderia almejar para que o desejo se realizasse com a plena anuência dos pobres mortais? A carne fez-se enlouquecidamente cobiçada na tríade das etnias. Basta citar as "adesões" dos Santos, da Virgem, do Menino Jesus ao cotidiano do bangüê: Nossa Senhora do Ó adorada na imagem de uma mulher prenhe; São Gonçalo do Amarante a desdobrar-se para atender aos rogos das mulheres que tanto o aperreavam com promessas e fricções; São João Batista, moço bonito, namorador, solto entre as moças que lhe dirigiam pilhérias. A diversidade do hagiológio católico em muito ajudou a alegoria da festa sexual.

Até mesmo os azulejos – de influência moura – transformaram-se em tapetes decorativos nas capelas, nos claustros, nas residências. E seus desenhos, então assexuados, adquiriram, na arquitetura cristã, formas afrodisíacas, quase obscenas. Mais uma ingerência mulçumana à qual se adicionaram pinceladas eróticas. Nas sacristias e interiores das igrejas, as grandes paredes cobriram-se de azulejos com cenas de plástica sexual.

Brancos, negros, índios pacificavam-se no mutirão da religião. O catolicismo simbolizou a peça de maior importância na obra colonizadora. *O cimento da união*. O lastro propulsor de proles desvairadas. Só uma barreira se mostrava intransponível no Brasil colonial: a da heresia. Essa era vista com repúdio, desprezo, rejeição. Tudo se aceitava, menos a mancha do ateu, a obliqüidade do ímpio e sua frigidez estéril que leva almas à condenação. O Brasil precisava ser um Brasil de santos ou, pelo menos, de guardiões da fé. Assim foi. Exageradamente defensor dos valores cristãos e jesuíticos.

Mas tudo se permitiu neste país "celestial" sobrecarregado de feitiços inacianos. Anuiu-se até demais... O que não se suportou foi a pecha do pecado original, para o qual se exigiu a bênção do batismo como limpeza de impurezas.

> [...] O ódio é profilático. Contra o pecado e não contra o pecador, diria um teólogo. É o pecado, a heresia, a infidelidade que não se deixa entrar na colônia e não o estrangeiro. É o infiel que se trata como inimigo no indígena, e não o indivíduo de raça diversa ou de cor diferente. [...] A igreja era uma espécie de desinfetório ao serviço da saúde moral da colônia; um lazareto onde as almas ficavam em quarentena (Freyre, 1966, p. 213 e 221).

Católicos, sim. Hereges, nunca. A obra de cristianização referendou um processo seletivo, vivenciado com bravura pelo Brasil de nossos antepassados. Que chegassem machos e fêmeas batizados. Desinfetados da peste da heresia. Higienizados, estariam prontos para a arte de "governar", isto é, para a arte de governar os seus corpos em permanente erupção de desejo. A orgia da carne foi o grande banquete do patriarcalismo. A religião chegou a abençoar com o sinal-da-cruz os "devassos" de moralidade sexual. Pais-nossos e ave-marias rezavam-se à sombra da cerimônia do amor e das fustigantes sandices da paixão.

De dogmas a casa-grande viveu: quer místicos, quer sociais, quer sexuais. A religião juntou os fragmentos da partitura. E procedeu por meio de uma fé ampla, templo de muitas e muitas crenças. De tudo coube nessa doutrinação, contanto que a primazia recaísse no catolicismo. O batismo, a chave da salvação. A ele atrelados, permitiram-se inúmeros atores religiosos. Outros coadjuvantes, porém personagens vívidos. O que se queria e se conseguiu era a unidade no orago patriarcal. Aí a religião se consolidou e ganhou ares de Senhora, com poderes decisivos na vida dos séquitos. O engenho acomodou a religião como a tudo acomodou sem permitir deslizes de espécie alguma. A não ser os que ele próprio possibilitou e até mesmo incentivou. As regras pautaram-se numa rigidez inconteste.

A devoção à paisagem da cana deu-se com tamanha arrogância que substituiu a feição majestática da igreja na obra centralizadora do misticismo. É interessante como o espaço privado atraiu, com imã de alta potência, a religião para dentro do doméstico, consubstanciando o átrio maior de polaridade. A Igreja, com letra maiúscula, cedeu seu sagrado espaço à força; jamais espontaneamente. Vencida pela superioridade do massapê, não se retraiu em discretos isolamentos. Adotou mecanismos de infiltração de elevada voltagem.

A religião adentrou-se no complexo da casa e ali se conservou sob a égide do senhor patriarca. O engenho venceu até mesmo as mais sagradas liturgias do catolicismo. Cooptou-as com a gula de quem tem fome de exclusivismos. Assim, a dança do barro vermelho agregava mais um trunfo no elenco das vitórias. A casa-grande inteira, na sua compleição de catalisadora de todos os santos, tremulou vantagens humanas ou divinas, pouca diferença fizeram. No Brasil, a catedral ou a igreja, com a sua estrondosa arquitetura barroca, seria substituída pela humilde capela do engenho – pálida na engenharia de pedra e cal, porém excelsa na simbologia de um poder único.

A oligarquia e o nepotismo da cana debelaram as insígnias da religião. O clericalismo não floresceu apesar dos esforços dos padres da Companhia. A catedral perdeu para a capela de engenho; esta, tão pequena, simples e rusticamente construída; aquela, erigida em alicerces e em dimensões artísticas inigualáveis. Mas a soberania "plástica" não foi suficiente para defrontar-se com o império dos oligopólios açucareiros. Desmereceu sociologicamente o *status* de catedral, obtido na configuração estética, enquanto a humilde capela de engenho, ao destroná-la, avantajou-se num gigantismo desproporcional à índole física. A capela excedeu-se em catedral, imagem da presunção dos monopólios.

Os aposentos do engenho sediavam uma procissão permanente. Andava-se de rosários na mão, relicários, santinhos, águas bentas, um aparato quase bélico para agradar aos dois senhores: o da terra e o do céu. Rezava-se pela manhã; à hora das refeições; à noite. Conversava-se com os santos, como se eles fizessem parte da família, com presença corpórea definida, a responderem e a trocarem idéias. Os santos deambulavam dentro de casa lembrando íntimos convidados. Não pontificaram em tronos de luxo. De carne e osso, solidarizaram-se na alegria e na tristeza. Companheiros assíduos dos homens e das mulheres dos corredores dos passos frustrados.

Costumes europeus, ritos católicos, tramas indígenas e africanas deram ao cristianismo um sabor picante e acomodatício. Acessórios mediadores de uma mitologia lastreada em diversas raízes.

> Foi esse cristianismo doméstico, lírico e festivo, de santos compadres, de santas comadres dos homens, de Nossas Senhoras madrinhas dos

meninos, que criou nos negros as primeiras ligações espirituais, morais e estéticas com a família e com a cultura brasileira (Freyre, 1966, p. 380).

Essa fusão de deidades – umas fetichistas, outras católicas – induziu a equalizações desejáveis à medida que o negro encaixou a herança religiosa africana à realidade, não menos religiosa, européia. Emergiu um quadro de síntese, bem ao gosto dos atavismos de cada raça. A aderências proliferaram verticalmente, penetrando no imaginário coletivo do povo brasileiro, que hoje defende suas ondulações místicas entre flexibilizações de todo louváveis.

Uma vida de rezas, a dos nossos antepassados. Um cotidiano cheio de superstições e de convicções religiosas. Nas cadeiras de balanço, as nossas tataravós muito pediram ao Menino de Jesus: saúde para os netos, casamento para a sinhá, prosperidade para a cana... Do santuário à cozinha, a ebulição da fé. Porém uma fé ecumênica, que não se restringia às normas exclusivas do cristianismo. Muito de fetiches, de atavismos, de misturas sadias que concorreram para o bem-estar familiar. A idéia de Deus corporificada. Santos carnais. Com sentimento e com cheiro de gente, o que lhes conferia ganhos extraordinários mediante fortes laços de solidariedade.

Um Deus presente e partícipe de uma vida nem sempre cativa de opulência. Um Deus que chora, que ama, que ri, que aplaude os bons e condena os maus. Um Deus imediatista num mundo secular; logo, com sentenças bem traçadas para a ruidosa desarmonia do universo. O catolicismo, eivado de divindades corpóreas, logrou êxitos desmedidos. Sem separações, o sagrado e o profano coabitaram o mesmo teto numa intimidade mais que prosaica. Deus humanizado; portanto, Deus sensível, vigilante, vitorioso na saga dos dogmas infalíveis.

> Dessa intimidade entre o sagrado e o profano deriva a mescla humanizada, indecomponível que transforma nosso catolicismo numa crença sem mística especulativa e sem ascética, antes idílico e sensual (Nougueira Moutinho, 1985, p. 101).

Rezava-se a Santo Antônio para arrumar casamento; a Nossa Senhora do Bom Parto para auxiliar a hora do nascimento; às Nossas Senhoras e aos Santos para colaborarem nas decisões mais complicadas do dia-a-dia. Uma relação amiga, com trocas de confiabilidade.

> No século XVII e mesmo no XVIII não houve senhor branco, por mais indolente, que se furtasse ao sagrado esforço de rezar ajoelhado diante dos nichos: às vezes rezas quase sem fim tiradas por negros e mulatos. O terço, a coroa de Cristo, as ladainhas. Saltava-se das redes para rezar nos oratórios: era obrigação. Andava-se de rosário na mão, bentos relicários, patuás, Santo Antônios pendurados ao pescoço; todo o material necessário às devoções e às rezas (Freyre, 1966, p. 468).

Na ocasião da botada – primeiro dia da moagem da cana –, lá se postava o padre para assegurar o sucesso do eito. Nada se fazia sem sacralizar o profano. O mundo, sabia-se, estava cheio de maus-olhados. Com Deus como patrono, o trabalho firmava garantias preliminares e já se prenunciavam ares de prosperidade. Sob a anuência da igreja, a messe rebentaria em estatísticas assustadoras. O açúcar galgaria o mercado europeu com índices em alta. Debaixo do manto católico, repousavam apetitosos sortilégios. Mais um contrato afiançado. Um bom presságio. Um começo abençoado com previsão de êxito. Afinal, santos e deuses abonavam o porvir. Jejuava-se, observavam-se os preceitos, adaptavam-se às exigências de um ritual programado e meticulosamente respeitado. Claro que as abstinências adequavam-se ao trabalho agrícola e se acomodavam ao regime alimentar dos escravos. Nada deveria fugir às regras da boa produção, que habilmente relacionavam o mundo secular ao mundo religioso com o fim de evitar choques inúteis. A trajetória sociológica coadunava-se dentro dos místicos compassos.

> O sacerdote primeiro dizia missa; depois dirigiam-se todos para o engenho, os brancos debaixo de chapéus de sol, lentos, solenes, senhoras gordas, de mantilha. Os negros contentes, já pensando em seus batuques à noite. Os muleques dando vivas e soltando foguetes (Freyre, 1966, p. 471).

Com as etapas religiosas cumpridas, o engenho penhorava safras alvissareiras. A ordem divina guiaria a ordem do melaço e, em decorrência, a da economia. Orações, muitas. Uma casa-grande inundada de preces. Não só oravam mulheres brancas. As negras, sobretudo. Eram tão rezadoras, as negras, que passavam o dia cantarolando músicas "sacras", recitando credos e versos moralistas. Sílvio Romero afirma ter-se tornado religioso diante do exemplo de sua escrava Antônia, a mais devota mulher que conheceu. Passava o dia a rezar e a se benzer, rogando a Nosso Senhor permissão para tudo.

> [...] O certo é que, por contágio e pressão social, rapidamente se impregnou o escravo negro, no Brasil, da religião dominante. Aproximou-se por intermédio dela da cultura do senhor; dos seus padrões de moralidade. Alguns tornaram-se tão bons cristãos quanto os senhores (Freyre, 1966, p. 378).

Interessante como a africana internalizou, a seu modo, os preceitos católicos; ela, que vinha de um universo religioso pautado em princípios quase opostos. O mistério de muitas fés incorporou-se ao seu ideário. O fim era o mesmo. Pouco a arreliaram os caminhos. Todos levavam à mesma direção: Deus. Por que duvidar das inúmeras estradas que conduziam ao céu? Segui-las no catolicismo, no politeísmo, no fetichismo, no animismo, apontava a única bússola sensata a ser cumprida.

O culto a Maria, Mãe de Jesus, exerceu e exerce no Brasil expressão muito forte. Talvez para compensar a dose de autoritarismo do patriarca. A figura da mulher vem coroada de emblemas de suavidade e de generosidade, ambos indispensáveis à neutralização do despotismo masculino da época. O instinto materno, a vocação cultural de um comportamento apaziguador, a ação tranqüilizadora induziram-na a elevados níveis de mediação. Criou-se, dessa forma, uma divisão clara entre o macho e a fêmea. Do macho jorravam posições severas; da fêmea aguardavam-se condutas amenas, acalentadas pela mansidão da "iconolatria" da mãe. Os estereótipos em torno da grande-mãe estenderam-se numa lógica projetiva ao culto de Maria. A Mãe de Jesus, santificada pela sua abnegação e desprendimento, serviu de contraponto à imagem do pai–patriarca, impetuoso, dotado de indiscutível autoridade.

> A extrema receptividade do brasileiro ao culto de Maria, Mãe de Deus, da Mãe dos Homens, de Nossa Senhora que, em nosso cristianismo mais popular e mais lírico, chega a soprepujar o culto de Deus Pai e de Cristo Nosso Senhor, talvez encontre sua explicação naquele maternalismo, moral e psiquicamente compensador dos excessos de patriarcalismo em nossa formação (Freyre, 1981a, p. XCV).

Maria, feminina, aparou as arestas do masculino. Deus, símbolo do homem, ajustar-se-ia às demandas da cultura machista. A figuração do sagrado reporta-se aos critérios de dualidade de gênero. São ajustes que decorrem de processos culturais e que expressam paradigmas sociológicos definidos. Do que se infere que a hierarquia do céu, no período patriarcal, se moldou à semelhança da hierarquia da terra. Decodificações análogas que facilitaram a compreensão dos contextos religiosos.

Há que se render homenagens à formulação de mapas cognitivos altamente elaborados por inteligências privilegiadas. E o sofrimento anulava-se em canais bifurcados: frágeis femininos, fortes masculinos. Só se pode reproduzir o que é conhecido. O desconhecido é dogmatizado em escudo de fé; jamais gestado de forma isolada na mente humana.

A leveza do cristianismo lírico e sensual, dissolvido por entre emblemas poéticos, acarretou enormes lucros sociológicos para a regulação familiar da casa-grande. Repita-se: não se construíram lapsos entre deuses e homens. Juntos conviveram para amanhar bucolicamente os desafios do doméstico. E todo mundo sabe que os deuses têm maiores poderes que os homens. Até mesmo maiores poderes que os patriarcas. Nem o senhor de engenho duvidou dessa iconolatria.

> Quando se perdia dedal, uma tesoura, uma moedinha, Santo Antônio que desse conta do objeto perdido. Nunca deixou de haver no patriarcalismo brasileiro, ainda mais que no português, perfeita intimidade com os santos. O Menino Jesus só faltava engatinhar com os meninos da casa; lambuzar-se na geléia de araçá ou goiaba; brincar com os muleques. [...] Com Santo Antônio chega a haver sem-cerimônias obscenas. E com a imagem de São Gonçalo jogava-se peteca em festas de igreja dos tempos coloniais (Freyre, 1966, p. XXXVII, 246-247).

A intimidade entre o devoto e o santo representou a característica maior do cristianismo colonial. Uma interação que se quis acondicionada em nichos familiares, o divino a ocupar relações próximas, de rara afinidade com o humano. Esse quadro simbiótico revelou o singular feitio da mística do passado.

Aliás, o cristianismo doméstico ainda se observa hoje no Nordeste brasileiro, mormente nas classes de baixa renda. Em recente pesquisa, pude observar tal fenômeno entre as mulheres faveladas do Recife. Filiadas aos santos, que são íntimos amigos do dia-a-dia, conseguem resgatar a dignidade perdida e suportar a fome, a miséria, a privação. Um lirismo prático, quase lúdico, domina o pensamento místico da pobreza e se responsabiliza pela descoberta de sopros de sobrevivência – mecanismos atenuadores das tempestades do infernal cotidiano. Deus transmuda-se em feições humanas. Companheiro de todas as horas, a partilhar do sofrimento diário: vendo, notificando, arquivando as amarguras e, principalmente, atento à cadeia dos desequilíbrios sociais. Certamente recompensará na dimensão da transcendência as vicissitudes de uma marginalidade econômica.

É simpático registrar que a idéia de Deus adquire matéria palpável na medida da necessidade. Logo, esse Deus se molda ao tamanho da miséria. Coabita com os mortais, agregando mistérios que são eminentemente simplórios e comuns. Postulados complexos fogem à percepção da mulher pobre e não se equacionam na dinâmica do cotidiano. O que importa é vencer a batalha dos dias difíceis. Um Deus com rosto de gente facilita a saga dos excluídos.

Um parêntese: observa-se, no mundo contemporâneo, uma crescente recorrência a religiões mais "terrenas", mais participativas, mais próximas dos embates corriqueiros. As religiões assistencialistas afloram com propósitos direcionados às realidades econômica, emocional e afetiva dos grupos sociais. O final do século XX presenciou uma enorme proliferação de religiões/seitas com o intuito de amainar as turbulências de uma vida calcinada por iniqüidades as mais diversas. Portanto, o eixo da necessidade não recai somente nos aspectos de "privação econômica", mas também na esfera psicológica e emocional, dilatando os enésimos critérios apelativos.

O Brasil desenvolveu-se sob a miragem benéfica do catolicismo plural e esbanjadoramente repositório de crenças alienígenas. A potencialidade em accitar e em conviver com o "exógeno", a uma certa distância da Bíblia lusitana, fê-lo um amplo caleidoscópio, verdadeiro oráculo de "gêneses" possíveis. Sem discriminações, aceitou as mais variadas influências, unificando-as em balizas de polifonia e polissemia. Realce-se: os múltiplos valores religiosos dignificaram o catolicismo em degraus de superioridade, ancorando-o sob pilares diversos, contanto que o ímpeto espiritual de cada etnia vingasse.

> [...] O catolicismo foi o elemento mais vigoroso nesse conjunto, mas ele mesmo é, sob certos aspectos, aqui no Brasil, "superstição católica".

> [...] O próprio Gilberto Freyre nos dá páginas esplêndidas sobre esse espírito religioso, que, se nunca nos abandonou, foi, sempre, em compensação, uma mescla de crenças ameríndias, africanas e ocidentais (Martins, 1985, p. 273).

Sensualidade não faltou ao catolicismo colonial. A religião chegou a condescender com a liberalidade dos intercursos genitais. Com astúcia, adequou-se às contingências e promulgou preceitos libidinosos. A *produção e a reprodução* simbolizaram a máxima de um Brasil habitado por pouca gente, porém ávido de corpos exóticos e atraentes. Os padres, a quem se imaginou a virtude do celibato, não conseguiram refrear-se diante de tamanha luxúria. Tanto que, em nome da moral religiosa, houve iniciativas de preservar, sem o sucesso esperado, a condição de abstinência sexual para sacerdotes, sugerindo-se a moradia do capelão fora da casa-grande. E ainda: com escrava velha para servi-lo, dotada de poucos atributos físicos. Evitar-se-iam assim as numerosas tentações. Pelo menos o clero deveria corresponder aos princípios louvados pela igreja, entre os quais, o mais pudicamente defendido, o da sublimação sexual. Que os laicos se afogassem no prazer orgástico. Os padres, não. Tudo leva a crer, contudo, que a libido superou o presbítero, estimulou o desejo e anulou os supremos dogmas católicos. Mas tentativas ocorreram. Se não lograram os resultados ansiados, colaboraram para tranqüilizar a consciência dos mais austeros padres da Companhia de Jesus, esses, uns donzelões convictos.

A casa-grande envaideceu-se de uma fidelidade peculiar: lábios balbuciando; mãos com terços a tirar dezenas; ave-marias repetidas com fé inabalável; pais-nossos quase cantados – a súplica, a rogar por alguma coisa. Um verdadeiro "comércio", em que as trocas se davam: os da terra, penitenciando-se; os do céu, acudindo aos apelos plangentes. O solar do engenho acobertou-se dos insumos celestiais. Com o pagamento antecipado das dívidas, estabelecia-se um intercâmbio do menos poderoso com o mais poderoso. A vida transcorria em alicerces sólidos, uma vez relativizada pelo Deus absoluto. Houve esmero religioso. Afinal, era preciso que nada resvalasse para os desacertos além da soleira do bangüê. Santos e santas unidos na força de mitigar e acalentar os perigos dessa vida tão escandalosamente inclinada à prática da transgressão. O homem, mortal e pecador, imantado à túnica da divindade maior, receberia as indulgências de um Pai misericordioso.

Vestido com o rigor do Santíssimo Sacramento, o engenho adquiriu imunidades que foram usadas pelo patriarca, cioso das prósperas economias. O pecado desfilou livremente à guisa das supremas prerrogativas. Pecados sexuais que obtiveram larga benevolência da religião.

O cristianismo colonial tentou reverter o sofrimento psíquico ao adicionar-lhe dividendos transcendentais. Ao macho, abrandou a culpa, se não dos pecados triviais, dos pecados da sexualidade. A negra recebeu os ensinamentos do céu e fertilizou-os com a demanda da terra. Acomodou problemas inexoravelmente repudiados pelos dogmas inflexíveis de um cristianismo puro que não chegou a fixar-se no Brasil, já imbuído de uma "lusitanidade pecaminosa". À mulher portuguesa sobejaram-lhe êxtases místicos muito bem fundamentados na elevação de um sexo adiado. Pelo eficaz instrumento das promessas celestiais, abafaram-se possíveis jorros da libido feminina. As rezas substituíram os quereres pouco honrosos.

Os êxtases místicos da africana, todavia, manaram de outras privações que não as sublimações de ordem puramente sexual: do sofrimento físico impingido por uma escravidão inclemente. As judiações, sob o olhar de Deus, seriam recompensadas com trunfos além-vida. Se na Terra a condenação social privou-lhe de láureas existenciais, o Juízo Final a indenizaria com galardões portentosos.

Assim a hegemonia religiosa, comum ao cristianismo clássico, perdeu terreno no contato com a africanidade. Ao amaciar a religião, lançando toques de mundanidade, o negro retirou-lhe o ar de punição, ressignificando-a em veios mais leves, mais complacentes e, sobremaneira, mais solidários.

Quem de nós não carrega na alma o toque fetichista da negra? Os mistérios, as mandingas, as "feitiçarias"? Do ateu ao religioso, o brasileiro traz dentro de si uma colméia de amuletos. As superstições integram seu imaginário com uma gama vastíssima de lances mágicos. E ai do brasileiro que não respeite seus babalorixás, seu Deus, seus santos protetores! Um tanto à mercê dos suspiros lendários, elabora a própria mitologia, com o caráter imanente do improviso e da versatilidade.

Quermesses, festas de igreja, sorteios, rifas sincronizaram o cunho alegre e telúrico da secularização do cristianismo que se desenvolveu sob o crivo das oblações jesuíticas. Uma laicização que alfinetou a sexualidade, quando estabeleceu adereços eróticos na dinâmica patriarcal. Basta recorrer à ainda usual denominação dos doces, hoje populares, porém anteriormente confeccionados em conventos, esses especializados na arte dos estímulos seráficos e não menos fesceninos: papos-de-anjo, sonhos, olho-de-sogra, baba-de-moça, suspiros, beijos, manjar-dos-deuses, nuvens-de-coco, barriga-de-freira, bolo-de-beata, bolo engorda-marido, bolo-divindade, espera-marido, come-e-cala...

Nomes sensuais outorgaram à ação degustativa fermentos instigantes e aliciadores da prática do amor. Um surto de fascínio alimentar e libidinal para apimentar os desvãos da casa-grande nas coisas do sexo. A negra provou ser excelente nesse condimento. Exerceu uma função preponderante na exegese do cristianismo lírico.

Por conseguinte, a casa-grande vivenciou e aplaudiu com entusiasmo o encontro das religiões que, embora revestidas da autoridade cristã, acabaram por se fundir numa bela paisagem, na qual a mistura das crenças enriqueceu a dimensão da fé. Mística que não se respaldou em preceitos exclusivamente religiosos, porém igualmente mundanos e profanos. Unindo o sagrado ao secular, sem estabelecer fronteiras rígidas entre a religião e a vida, o cristianismo lírico atende às adaptações sincréticas do catolicismo português, do animismo atávico indígena e do fetichismo "panteísta" africano. Uma combinação babilônica de efeitos valiosos.

Do negro, todos nós aprendemos um pouco. Suas reminiscências religiosas estão presentes como insígnias culturais que ultrapassarão o tempo, alongando-se na unidade brasileira, qual refrão de velhos contrastes coloniais.

A MÃE-PRETA: AMA-DE-LEITE POR EXCELÊNCIA

As jovens portuguesas não se beneficiaram de recursos biológicos capazes de acatar as reais necessidades da mulher-mãe. Entre elas, a da amamentação. Comprometidas com partos consecutivos, além de numerosos, percebiam-se exauridas diante das circunstâncias. As dificuldades orgânicas impediram a aleitação.

Não repousou em razões sociais o retraimento da lusitana à lactância, nem tampouco prevaleceu a moda corrente em Portugal de as senhoras contratarem mulheres para substituí-las nesse ato. O aparecimento da mãe-preta deu-se por motivos mais orgânicos que sociais: calça-se no tributo da família patriarcal e não em preciosismos de estética corporal. Não há a menor dúvida quanto ao polêmico item. Os imperativos contínuos de atender com presteza o recém-nascido, à nutrição, à troca de fraldas, à limpeza do bumbum extenuaram crianças-mães, obrigando-as a recorrer à ajuda da africana, mais adulta e fisiologicamente mais fortalecida para socorrer o choro do bebê faminto.

Opulência de gente – uma das variantes perseguidas pela terra do pau-brasil. É evidente, porém, que essa irrefutável extravagância resultou num preço com que as mulheres não puderam arcar sozinhas. Geraram filhos e fizeram demais. Carregaram por nove meses a semente da hoste patriarcal – rebentos. Desgastaram-se fisicamente, o que provocou uma involuntária subtração das etapas posteriores à maternidade. Não suportaram o fardo da aleitação. Tiveram que perpassá-lo à negra. Assistiram a outras mulheres exercerem o papel completo de mãe.

As mães-pretas despontavam na casa-grande como as verdadeiras mães-de-criação. Quase onipotentes em relação às frágeis portuguesas, ocuparam posições destacadas na família patriarcal, quer pela sua importância como elemento de vitalidade, quer pela contribuição ao sistema doméstico. Apoderaram-se da ordenação, no sentido "ritualístico", do espaço privado. Ordenação essa que interferiu largamente na teia afetiva. Gordas, pachorrentas, embalavam bebês, acariciando-os como filhos seus. O exercício da *maternagem* acabou por incutir-lhes algumas prerrogativas de muito bom alvitre para o patriarcalismo. Quando alforriadas, permaneciam em seu papel regulador, os meninos tomavam-lhes a bênção, os escravos tratavam-nas de senhora, os boleeiros andavam com elas de carro. Nos dias de festa, comandavam a cerimônia, dando ordens e aparentando senhoras bem-nascidas.

Imbuíram-se de tal maneira da posição de mãe "postiça" que defenderam ardorosamente os ímpetos da criançada. O que teria sido da infância na casa-grande sem a africana a distribuir promessas de felicidade? Sem as narrativas noturnas que ninaram devaneios? Sem as histórias de bicho ou de monstros com cara de gente? Sem o seu espírito também infantil?

A ela devem-se a dimensão espontânea da infância e o prazer – mínimo – de ser menino numa estrutura catalogada em paradigmas adultos e adultizantes. Uma sociedade distante da categoria infantil, a dos nossos antepassados. As negras foram as grandes cerzidoras do mundo pueril; remendaram utopias prestes a esgarçar; souberam arrematar o bordado ainda não concluído, e salvaram o que há de menino em todos nós.

As primeiras mestras do Brasil patriarcal, as mães-pretas. Proveram o déficit das portuguesas, então limitadas organicamente por um corpo não acabado para esforços de gestação. Inibições emocionais e objetivas se adicionaram ao retraimento da lusitana – conseqüência da precocidade do casamento, da inadaptação ao clima e do próprio ambiente doméstico a impor um tipo de relacionamento artificial e autoritário. Não fora a mulher negra, a sinhá-dona talvez não tivesse encontrado a medida certa da interação mãe-filho.

A compleição orgânica representou o fator decisivo no impulso da africana à amamentação dos recém-nascidos. A eugenia carreou o estímulo mais contundente na história da mãe-preta – peitos rijos, dentes brancos, saúde a vender. Não lhe faltaram vantagens. Ademais, acrescidos aos fatores biológicos, reunia melhores condições de higiene, pois identificava-se, por motivos óbvios, com os ruídos da tropicalidade. A união dos trunfos, orgânicos e culturais, elegeu-a indispensável. Dos seios da negra rebentou o leite da vida.

> [...] Negra ou mulata. Peitos de mulheres sãs, rijas, cor das melhores terras agrícolas da colônia. Mulheres cor de massapê e de terra roxa. Negras e mulatas que além do leite mais farto apresentavam-se satisfazendo outras condições, das muitas exigidas pelos higienistas portugueses do tempo de D. João V. Dentes alvos e inteiros (Freyre, 1966, p. 386).

O quinhão não se restringiu somente ao leite. A mãe-preta substituiu o afeto da mãe portuguesa, quase arruinada pelos excessos da tropicalidade, ela, que não conhecia os destros caminhos de um Brasil ambicioso em contrastes e em desafios; que não sabia como comportar-se diante de um clima adverso e, menos ainda, diante de tradições, costumes e hábitos estranhos. Tudo lhe era desconhecido. E não lhe permitiram adaptar-se; logo lhe invocaram as exigências biológicas da maternidade. A negra preencheu as lacunas deixadas pela branca. Abraçou, mimou, deu carinho. Nada melhor que um bom dengo para sarar as feridas do cotidiano: dengo para o menino; dengo para a gente grande; dengo para adultos sacrificados pelo desassossego do massapê.

Do riso à lágrima, as negras se despojaram. Apegadas aos nhonhôs e às sinhazinhas. Sofrendo com eles. Vivendo com eles. Mimetizando-se na comédia e na tragédia. A mãe-preta compendiou um belo conto de fadas a repescar, no imaginário da criança, as partículas submersas nas águas da penumbra. Quase gananciosamente, ofereceu manjares do céu mediante um latejar de sentimentos sempre perene. Transformou o choro infantil num cadinho de anjos, melodiando o tema de San Juan de La Cruz – "*Adonde non hay amor, ponga amor y sacará amor*" (San Juan de La Cruz, 1965).

Brincadeiras, criou-as; mentirinhas, inventou-as; garantiu o mapa onírico da criançada. Haverá maior responsabilidade que agasalhar as quimeras de alguém que plange por amor? Ama-preta de pele escura e meiguice incontrolável.

Sua influência foi tanta que chegou a levar alguns estudiosos a argumentos de ordem psicológica. O ato de mamar, sendo de extrema importância na formação da criança, teria gerado conseqüências imediatas na construção dos desejos. Desejos a se perpetrarem no futuro, em raízes ancestrais de significação sexual quantos portugueses só conseguiram atingir o êxtase sexual no contato com negras! Como se a atração física da fase adulta recuasse em direção da meninice. Será que não recua? É sabido que a primeira infância representa o alicerce do edifício psicológico. O lusitano cobiçou a negra com olhos gulosos. O encontro entre as raças se deu desde o "instinto" do seio materno, o "instinto" dos primeiros impulsos.

> Já houve quem insinuasse a possibilidade de se desenvolver das relações íntimas da criança branca com a ama-de-leite negra muito do pendor sexual que se nota pelas mulheres de cor no filho-família dos países escravocratas.

A importância psíquica do ato de mamar, dos seus efeitos sobre a criança, é na verdade considerada enorme pelos psicólogos modernos (Freyre, 1966, p. 309).

Amamentados por negras, acariciados por negras, aconchegados por negras, meninos portugueses criaram relações filiais tão íntimas que nada mais natural que o óleo lubrificante do desejo jorrasse desse leite lascivo. Desejo que nasceu do contato epidérmico do recém-nascido, para se estender no posterior contato "conscientemente" revestido de matizes sensuais, eróticos. O cheiro, a persuasão, a chama sedutora da aleitação se diluíram no processo de desenvolvimento psicológico para se aliarem vida afora com fortes doses libidinosas. Homens adultos, a remanescerem lactâncias ingênuas, mas produtoras de subseqüentes lubricidades. Da mãe-preta à pulsão sexual, há toda uma exortação mítica, psicanaliticamente explicada.

Não há casas-grandes sem mães-pretas. Uma depende da outra numa bricolagem de perfeita reciprocidade. Parece impossível elidir essa combinação. As exigências do período colonial não se teriam sustentado em bases satisfatórias ao largo dos pilares da africanidade.

Quase todos os brasileiros do período colonial e pós-colonial foram amamentados ou educados por negra. Sua ascendência se fez direta em vários momentos. Uma bifurcação de imagens que bosquejaram as linhas do rosto do mundo português em estreita sintonia com o mundo brasileiramente africano.

Qual brasileiro não se recorda do mito da mãe-preta com uma saudade impregnada de infância?

Santuário sodomita

> Terra [o Brasil] de todos os vícios e de todos os crimes. Segundo o próprio testemunho dos escritores portugueses contemporâneos, a imoralidade dos primeiros colonos era espantosa, e excedia toda medida (Prado, 1962, p. 27).

A mania de grandeza de um Portugal à beira do abismo econômico somou-se à enxúndia da carne exótica. E envenenou-se de sexo, já que não mais podia envenenar-se de glória. Não aceitou a decadência. Não é fácil conviver com o declínio, principalmente quando apoteoses já aconteceram. A sensualidade serviu de alvo compensatório pelos fracassos inesperados. Portugal não era o mesmo. Mas precisava sacolejar os ânimos para reavivar a tradição de um passado efervescente. A perseguir a vontade de cultuar sua História, o caráter nacional não arrefeceu. Ainda hoje é um país que sabe muito bem repescar as saudades. Com ar, inclusive, de herói. O que lhe vale a admiração de todos nós.

> [...] Desde fins do século XVI ele [Portugal] vive parasitariamente de um passado cujo esplendor exagera. [...] Longe de conformar-se com uma viuvez honesta, de nação decaída – como mais tarde a Holanda, que depois de senhora de vasto império entregou-se ao fabrico do queijo e da manteiga – continuou Portugal, após Alcácer-Quebir, a supor-se o Portugal opulento de Dom Sebastião vivo. A alimentar-se da fama adquirida nas conquistas de ultramar. A iludir-se de uma mística imperialista já sem base (Freyre, 1966, p. 211).

Sem a glória econômica, não temeu alardear a glória fálica. Diga-se: a escravidão favoreceu os excessos sexuais. Para tanto, fazia-se necessário usufruir das vantagens que o sistema oferecia. Não precisou de muito para lançar-se no oceano da orgia.

O que o escravismo gerou na sua grave jurisprudência resvalou para a disseminação de um prazer que se queria satisfeito. Prazer, é claro, no sentido mais literal de sexualidade. Porque de outros prazeres a casa-grande foi até austera. No sexo é que debandou para a desmesura.

O dom-juanismo brasileiro não vem da sedução exercida pela africana. Longe disso. É preciso dar o seu a seu dono. Entende-se que o clima favoreceu a libido, mas não o fez isoladamente. A vitalidade orgástica do português já denunciava claros pendores à concupiscência. A predisposição existiu. O clima ajudou. Sua influência é, pois, marcante, porém não exclusiva. O que se deu foi uma convergência de fatores intervenientes na luxúria sexual do reinol. O clima tropical possui estímulos peculiares que concorrem para proximidades epidérmicas. Não há como dirimir essa relevância. Roupas leves, corpos desnudos, pele bronzeada cercam o leque de atrativos e conferem uma circunstancialidade quase satânica. Imagens produzidas ao sabor de um litoral pleno de aragens marítimas são respostas naturalíssimas de um sol extravagantemente sexualizado. Nada mais provocante que o vaivém de ondas, que a areia molhada agarrando-se aos pés, que o esbanjamento de um céu radiante de luz. Janelas abertas, cabelos desalinhados pelo vento, estreitos convívios sugerem grandes excitações.

> Nada nos autoriza a concluir ter sido o negro quem trouxe para o Brasil a pegajenta luxúria em que nos sentimos todos prender, mal atingida a adolescência. A precoce voluptuosidade, a fome de mulher que aos treze ou catorze anos faz de todo brasileiro um Don Juan não vem do contágio ou do sangue da "raça inferior" mas do sistema econômico e social da nossa formação; e um pouco, talvez, do clima; do ar mole, grosso, morno, que cedo nos parece predispor aos chamegos do amor e ao mesmo tempo nos afastar de todo esforço persistente (Freyre, 1966, p. 345).

As condições naturais ajudaram, mas não agiram como fator determinante. O ladrilho sociológico e econômico estabeleceu um conluio com o meio ambiente, interpenetrando influências que se cruzaram em sínteses ou fusões bem articuladas.

Sexo diz de um tópico que exige cuidados. Distinga-se que o clímax orgástico na mulher se apresenta mais complexo que no homem. O jogo feminino é dotado de subjetivações que às vezes escapam ao fisiologismo do masculino, quando esse reduz a sexualidade ao complexo genital, atribuindo-lhe simples parâmetros biológicos. O êxtase da mulher não se mensura pela pura fisiologia. Resguarda-se em impulsos subliminares. Tento dizer que o orgasmo feminino prende-se a subjetivismos aos quais o homem nem sempre se afina ou sequer se alerta na procura de possíveis adaptações. A mulher trobriandesa, por exemplo, afirma que o homem branco é apressado e não se adapta ao protocolo mais sofisticado do amplexo sexual feminino. Apesar do termo "civilização" arrogar-se de símbolos considerados requintados, a rejeição das "primitivas" ao ato sexual ocidental revela um outro lado da moeda.

Se a ejaculação manifesta o ápice na sexualidade masculina, o mesmo não acontece com a mulher, que não dispõe de mecanismos organicamente explícitos de prazer. O gozo alastra-se em zonas erógenas mais subjetivas e psicológicas que objetivas. Não há dúvida: essa distinção aumenta a "oposição" existente entre os dois sexos e favorece os ditames da inferioridade da mulher, quando relega a planos de menor importância o alcance do seu orgasmo.

A internalização de certos preceitos educacionais agiganta medidas restritivas em sua natureza discricionária. O processo tem sido linear, sem altos e baixos. A sexualidade não repousa em linearidades: tem um aspecto de fina subjetividade. Por não ser dotada do membro viril, o falo – o que já a define como castrada –, a mulher assume o prisma de elemento passivo. E, como, passivo não tem direito a questionar dados psicológicos que orbitam sua vida sexual. Não estou negando a vertente psicológica na sexualidade masculina; nem estou negando a suposta passividade da mulher, conseqüência de eficazes ingerências socializadoras. Passividade histórica porque cultural; logo, relativa. É preciso não propagar vieses absolutos para temas eminentemente interfacetados. Apenas procuro estabelecer algumas variâncias, tanto fisiológicas quanto culturais.

Ao expandir o preconceito, o cultural ganha de longe o troféu da parcialidade: enfatiza as diferenças com focos desiguais que superestimam o masculino e subestimam o feminino. A subjetividade desloca-se para fossos pouco respeitados à sombra de uma sentença sem validade humana, com estudentes artifícios sociológicos. Mas o social é feito de homens e mulheres, dir-se-á. O grande conflito reside no vezo superlativo do macho.

As angulações sexuais diferem do homem para a mulher. No homem, constata-se uma demonstração explícita de gozo; na mulher, a "demonstração" é subjetiva e pode ser, muitas vezes, um blefe. Seu orgasmo ocorre ou não. O parceiro poderá não desconfiar da encenação, se for o caso. Como não há uma explicitude, ela se defende enganando-se e enganando o outro. Porém os disfarces, ainda que possam remediar a expectativa do macho, aumentam as frustrações, sufocam as pulsões e anulam as fantasias eróticas. É comum nas mulheres a "anorgasmia". Não é tão comum entre os homens a mesma "anorgasmia".

A negra não sofreu a síndrome da frustração carnal. Não precisou utilizar artifícios requintados. Como sexo é pecado e as negras emblemavam a própria encarnação do inferno, não fazia mal que os diabinhos gozassem. Além disso, seus "vícios" sempre receberam a aprovação social, porque, na qualidade de escravas, mereciam apenas a distância protocolarmente oficializada. Era até de bom alvitre subsidiar as "desvirtudes" da africana, sedimentando juízos de valor negativos. Satânicas, as negras iriam acabar esturricadas nas labaredas do érebo. Pouco interessou, contanto que seu corpo ensejasse o "atoleiro" da satisfação. O resto decorreria da própria condição do escravismo. Que a casa-grande se locupletasse da festa libidinosa africana. E muito dela se aproveitou.

Animação foi palavra de ordem na saga africana. No doméstico patriarcal, exultaram-se celebrações: o namoro recente da sinhazinha, o casamento alegórico acontecido no engenho ao lado, a beleza ingênua da negrinha adolescente, a falta de jeito do nhonhô nas coisas de amor, a chuva que tardava mas chegava, a festa de padre Manuel, a moagem da cana que prometia boa safra, o açúcar que engordava seus corpos sensuais, a solenidade da Primeira Comunhão que ia acontecer nos oitões do engenho, a galinha de cabidela que se preparava nos dias de recepção, a chegada de Portugal do primo cavalheiro, o pano da Costa a embelezar o porte da negra, os acarajés preparados com esmero, Santo Antônio anunciando casamento, o preto do eito a bolinar o sexo, a aguardada carta de alforria...

A sensualidade da negra encimou o patriarca em visões paradisíacas. Nem sempre houve ternura. Ou quase sempre não houve. A volúpia da carne foi mais forte que qualquer outro sentimento. Casos ocorreram de amor. Raros. Se o senhor de engenho se utilizou da escrava por lampejos exóticos, uma pergunta no ar se dissemina: teria a negra amado seu opressor? A resposta mergulha na indigente esperança de um melhor porvir. Submetida a uma rígida hierarquia, pouco lhe sobejou, senão migalhas de atos sexuais destilados na usura da concupiscência. Talvez a ilusão tenha permeado o deserto de perspectivas. Doou-se em nome da servidão ou de uma delirante utopia. E regozijou-se à toa pelo simples fato de ser escolhida ou preferida na escala da sorte. O amor ocultou-se na gesta diabólica.

A feminilidade, quase sinônimo de cupidez, funciona como um suporte de grande atração. Dizer-se de uma mulher que ela é bastante feminina equivale a elogiar seu halo sensual. O mesmo raciocínio direciona-se ao homem: dizer-se de um homem que ele é bastante masculino corresponde a elogiar sua virilidade. O sexo sexualiza-se à medida que manifesta com sofisticação um gênero culturalizado, produto de um complexo de normas e preceitos concordes ao anseio do grupo. Ser feminina ou ser masculino traduz-se num retrato conotativo de apreensão dos valores de cada sexo. O indicativo em excesso condiz a um dos maiores elogios que o homem ou a mulher pode receber. Feminilidade e masculinidade falam de ângulos que exigem traços nítidos de auto-referências. A sociedade espera que a mulher se feminilize por meio de adereços que a embelezem e que a configurem dentro dos cânones louvados da estética.

Na furtividade dos encontros secretos, o engenho particularizou-se. Borbotaram perigosas distorções. As armadilhas da clandestinidade são terríveis e cegam as pretensões da lógica racional. Surpreendente a força, quase invisível, que a paixão ilegal infere. Talvez tenha sido essa uma das explicações da lascívia da casa-grande. O proibido reservou inexplicáveis aberrações!...

O selo da religião, insista-se nesse aspecto, favoreceu os intercursos que se transformaram em lucros adicionais, porque consagrados pela clareira da fé cristã. O sexo deixava de ser violação de regra para ser virtude de macho no ventre procriador da negra. Com a chancela da Igreja, tudo se ajustou à tela patriarcal. Nada melhor que os fluidos reluzentes da cristandade para acelerar o que de instintivo já existia no português. À endogamia aristocrática aliou-se uma poligamia oblíqua que se alongou em uma paisagem flexível – a exogamia miscigenadora. O Brasil subscreveu a singularidade de um desenho muito seu, o da endogamia se deixando infiltrar pelo corretivo da exogamia.

Acusadas foram as negras de desvirtuarem os dignos valores da casa-grande, canalizando-os para "dolorosos delitos", como o de terem sido a principal mentora das fantasias do patriarca e musa iniciatória do menino – esse sempre conduzido pelas mucamas às coisas do amor.

> O que a negra da senzala fez foi facilitar a depravação com a sua docilidade de escrava; abrindo as pernas ao primeiro desejo do sinhô-moço. Desejo, não: ordem. [...] O que houve no Brasil [...] foi a degradação das raças atrasadas pelo domínio da adiantada. Esta desde o princípio reduziu os indígenas ao cativeiro e à prostituição. Entre

brancos e mulheres de cor estabeleceram-se relações de vencedores com vencidos – sempre perigosas para a moralidade sexual (Freyre, 1966, p. 397-98 e 463).

Não há escravidão sem prostituição. A relação de dominação provoca núcleos canhestros de intensa periculosidade para a moral sexual. Impulsiona distorções; açula inconsistências e improbidades; os limites se apóiam em autoritarismos arbitrários e danificam o equilíbrio das relações interpessoais.

É absurdo responsabilizar-se o negro pelo que não foi obra sua nem do índio mas do sistema social e econômico em que funcionaram passiva e mecanicamente. Não há escravidão sem depravação sexual. É da essência mesma do regime. Em primeiro lugar, o próprio interesse econômico favorece a depravação, criando nos proprietários de homens imoderado desejo de possuir o maior número possível de crias (Freyre, 1966, p. 341).

Se Joaquim Nabuco extraiu de um manifesto escravocrata de fazendeiros palavras como "a parte mais produtiva da propriedade escrava é o ventre criador", não há como hesitar diante da premissa de Gilberto Freyre – *é da essência do regime escravista a depravação sexual*. Logo, não foi a negra que optou pela prostituição. Mas os contextos tirânicos que a estimularam a aceitar a permissividade como um caminho de ingênua libertação. Sério engano que confundiu frios diagnósticos.

Qualquer estrutura de dominação instiga efeitos deletérios. A escravidão revelou-se ímpar nessa hedionda cadeia. A promiscuidade emergiu categórica, enfática e decisiva. A poligamia ilegítima, porém socialmente aceita, alastrou-se como norma a ser seguida, uma vez que do uso sexual de várias mulheres derivar-se-iam múltiplos ventres geradores. Em nenhum momento, a poligamia doméstica colonial sofreu ataques. Ao contrário, recebeu pródigos elogios. Sinônimo de multiplicidade de encontros carnais, dançou nos salões mais nobres da aristocracia lusitana.

Ressalte-se: a fidelidade masculina nunca consignou, no Brasil, um valor apreciado. Poucas, pouquíssimas exceções fazem da regra um direito consuetudinário. As raízes encontram-se, pois, nesse passado colonial tão confortavelmente instalado em ditaduras machistas.

Casamento e clandestinidade agiram, pois, em concomitância, sem-cerimônias e com profícuos fôlegos de desejo. A sociedade latifundiária desenvolveu-se sob os clamores da cana, feminina é certo, mas felinamente traidora. Dengosa nas reclamações; poderosa na reivindicação de ser amada, mostrou-se incondicionalmente egoísta. Concubina da gleba, a união social e sexual se deu em perfeita harmonia. O massapê garanhão, a cana feminina. O massapê necessitando de muita cana para prosperar em libidinosidade. A cana submissa em sua feminilidade, deixando-se entranhar pelas garras da terra vermelha. Única no seu excêntrico domínio. Absoluta nas artimanhas de ciúme de fêmea; relativa como gozo de uma *plantation* numericamente desarvorada. Coincidência ou não, a cana possui uma forma fálica.

As contradições merecem destaque – monopolista e polígama. Dois pressupostos que se apresentam à primeira vista em oposição; acabam, destarte, por se irmanarem na soberania de ter sido somente ela, a cana, dona da agricultura do Nordeste. Por séculos e séculos afora dominou. Confinada ao massapê, seu dedicado dono. Versátil em exigências: pro-míscua e amancebada na acepção sociológica. Porém monogâmica pelo casamento ideal. A terra ditou o sistema social. Foi ela quem vaticinou as tiranias para mais e para menos. A terra-mulher-mãe, a ocupar todos os espaços e a vangloriar-se das travessuras. E os excessos estenderam-se da terra ao sistema. Embrenharam-se nos liames da existência de um cenário que começava no massapê, repousava na cana e soerguia-se triunfalista na poliginia" de machos inflacionados por histriônicas excitações. "Evitava-se o casamento fora da mesma classe social, mas a mancebia não pesava e era fora do matrimônio que grande parte da vida sexual masculina era realizada." (Monteiro, 1997, p. 65)

A mancebia que a cana não permitiu em seu demonstrativo húmus assentiu, entretanto, com pujança e usura ao homem que a comprou, não ao que a plantou. O escravo não teve direito a sexualidades desbragadas. O patriarca, contudo, arrecadou o privilégio que a cana de pronto se apressou em ofertar-lhe, o da posse. Posse no *stricto sensu* da palavra.

> A posse da terra gerou a propriedade sobre os homens e a utiliza-ção dos dominados ao bel-prazer e aos caprichos dos poderosos. Daí a grande importância que Gilberto Freyre deu ao problema das relações sexuais entre brancos e negras que contribuiu consideravelmente para a

miscigenação e para a formação de uma expressiva quantidade de mulatos, nas áreas em que houve um maior desenvolvimento da agricultura, nos períodos Colonial e Imperial (Correia de Andrade, 1995, p. 103).

A julgar pela ótica da superexcitação genésica – a grande responsável pela violação da moralidade –, a escravidão representa um foco de desapontamento. Os equívocos sugerem correção. Deixar-se levar por motivos estranhos e pouco científicos ou, ainda, pela influência, à época, de correntes arianistas, é atitude de omissão e comodismo acadêmico.

Não, definitivamente não. Gilberto Freyre tem toda razão e aí reside um de seus arrojos, o de defender o negro num momento em que o índio era o reverenciado. Qualquer discussão que se queira conseqüente em face da questão da prostituição doméstica deve-se iniciar pelos caminhos do social. E não pelos caminhos da possível "pré-logicidade" africana, a cotejar o *levybhrulismo* ultrapassado e anacrônico. Só o regime escravista pode explicar o cenário de um Brasil exultante por contatos sexuais.

O sistema "deletério" da escravidão selou a fagulha mais forte do passado colonial. Atraiu para si tantos defeitos e poucas virtudes que fabricou um quadro sincrônico de mimetismos quase indissociável da realidade. Gente e mais gente a se confundir com os princípios do que é natural – ser índio, ser branco, ser negro –, esquecendo-se de que o social pode fluir e refluir em imagens contundentes que não se conjugam nos mesmos níveis de interação. O negro ou a negra escravizado distancia-se do negro ou da negra visualizado sob o prisma da etnicidade. É preciso afastar as linhas de fronteira para compreender o fluxo de influências. Só o tear do patriarcalismo explica as reais fundamentações de uma história infiltrada por prepotências.

> Sempre que consideramos a influência do negro sobre a vida íntima do brasileiro, é a ação do escravo, e não a do negro *per si*, que apreciamos. [...] Parece às vezes influência de raça o que é influência pura e simples do escravo: do sistema social da escravidão. Da capacidade imensa desse sistema para rebaixar moralmente senhores e escravos (Freyre, 1966, p. 339).

Escravos e negros, duas margens diferentes. Poderiam ter sido escravos e índios, escravos e amarelos, as latitudes continuariam igualmente diferentes.

A condição racial não pode ser atrelada à condição sociológica. A segunda predispõe a primeira a comportamentos específicos. A primeira adapta-se à segunda.

Se a prostituição da casa-grande viu na negra a fiel cúmplice, as virtudes da senhora branca, tão decantadas e homenageadas, apoiaram-se, em parte, nos deslizes da escrava fêmea. Pecando umas e santificando outras, os dualismos sedimentavam-se. Os erros tornavam-se mais explícitos enquanto os acertos assomavam proporções significativas. A portuguesa, no cetro da sacralidade; a negra, no da profanidade.

Enquanto a negra prevaricou, a portuguesa se manteve nos exageros da clausura. E os contrapontos sobressaíram. Com deslizes de um lado; severidade do outro. As oposições chamam a atenção e acirram os separatismos. A sociedade patriarcal foi separatista com base em duelos de classe. Os hiatos se fizeram clarividentes para empalmar os sinais discrepantes. Se a portuguesa se esmerou em discrições sexuais, a negra excedeu-se em requintes de fascínio.

> [A] pureza das senhoras brasileiras do tempo da escravidão [...] manteve-se à custa da prostituição da escrava negra; à custa da tão caluniada mulata; à custa da promiscuidade e da lassidão estimulada nas senzalas pelos próprios senhores brancos (Freyre, 1966, p. 486).

O amor precoce da mucama com os filhos do patriarca nem sempre foi visto com condescendência. Uma moral extremamente contraditória que incitou o menino à depravação e ao desregramento no uso do corpo da negra, ao tempo em que a acusou de promiscuidade por acicatar o pequeno adolescente aos "subornos" da carne. Esse jogo perverso trouxe uma mística confusa à ideologia da casa-grande. Se não confusa, pelo menos unilateral e tendenciosa: esqueceu que, antes da cor, a africana se submeteu ao caos da escravidão.

> Diz-se geralmente que a negra corrompeu a vida sexual da sociedade brasileira, iniciando precocemente no amor físico os filhos-família. Mas essa corrupção não foi pela negra que se realizou, mas pela escrava. Onde não se realizou através da africana, realizou-se através da escrava índia (Freyre, 1966, p. 340).

Pode-se, sem grande esforço de dedução, haurir a conotação maléfica de um bueiro econômico absolutista, e não da simples pigmentação da cor. Para a fruição serviam e serviram aqueles e aquelas que ombrearam a base de uma pirâmide injusta e desumana, da qual se subtraíam mensuráveis deveres.

> Se há hábito que faça o monge é o do escravo: e o africano foi muitas vezes obrigado a despir sua camisola de malê para vir de tanga, nos negreiros imundos, da África para o Brasil. Para de tanga ou calça de estopa tornar-se carregador de "tigre". A escravidão desenraizou o negro do seu meio social e de família, soltando-o entre gente estranha e muitas vezes hostil. Dentro de tal ambiente, no contato de forças tão dissolventes, seria absurdo esperar do escravo outro comportamento senão o imoral, de que tanto o acusam (Freyre, 1966, p. 340).

A imoralidade foi decorrente e não causal. Resultado de uma cadeia com princípio e fim, os meios a justificarem os objetivos. A gênese de todos os males repousou na prostituição alagada da luxúria arianista. O lúbrico veio do branco e não do negro. Talvez este, pelo temperamento extrovertido, tenha transbordado em tendências que são mais exteriorizações de personalidade que arremessos de abusos sexuais. O negro não encharcou de sêmen vaginas virgens e ainda imaculadas. O esboço sexual do africano parece até moderado diante da depravação do português, provavelmente um exaltado a lançar fluidos eróticos pelos recônditos do engenho. O estereótipo de hipersexualidade atribuído à raça negra recai antes no estigma da negatividade escravista do que no reflexo de um erotismo orgânico.

> [...] O que se tem apurado entre os povos negros da África, como entre os primitivos em geral [...] é maior moderação do apetite sexual que entre os europeus. É uma sexualidade, a dos negros africanos, que para excitar-se necessita de estímulos picantes. Danças afrodisíacas. Cultos fálicos. Orgias. Enquanto que no civilizado o apetite sexual de ordinário se excita sem grandes provocações. Sem esforço (Freyre, 1966, p. 340).

As concepções mudam diante dos argumentos freyrianos. A clássica e quase tradicional concupiscência do negro diminui em relação à do branco tão apegado à idolatria do falo. O narcisismo sexual do ariano sobreleva o *status* de macho e outorga-lhe a bandeira da hiperestesia erótica. Ao negro nem sequer foram-lhe oferecidas flâmulas egolátricas. A conquista de sua identidade e cidadania tem sido longa e árdua. Nada lhe concederam gratuitamente. Daí ser difícil acreditar nas apologias sexuais africanas. Gilberto Freyre derruba essas suposições, meras ilações extraídas de um arcabouço imaginário, cuja "idiossincrasia" se atrela ao *ethos* enaltecido. Quem sabe se o tópico da exuberância sexual não decorreu de mais um dos postulados negativos direcionados à escravidão? Canalizando-se para o negro uma "desvairada" excitação, atribuir-se-lhe-ia uma imagem pejorativa ao modo de uma lubricidade pouco admirada, o que concorreria magnanimamente para conspurcar a ideologia africana, então traduzida em clichês ostensivos de permissividade. Por conseguinte, o cerco se fechava na síndrome das insignificâncias. E o arianismo eximia-se de responsabilidades. Uma equação exata para leis sociologicamente inexatas.

Um mundo, que se respaldou na sensualidade prazerosa da negra sem, contudo, oferecer à raça africana seu verdadeiro e justo lugar na história, está a merecer reavaliações. Deve-se a Gilberto Freyre corajosos redimensionamentos que vieram lançar um novo olhar à conceitualização de raça, essa por muito tempo analisada à luz de indicadores biológicos – determinismo prejudicial que derrapou em versões redutoras e claramente tendenciosas.

A prostituição da casa-grande consignou a prostituição do patriarcalismo, a prostituição da monocultura, a prostituição do servilismo, a prostituição da autocracia açucareira que se engalanou à sombra da escravidão.

Historicamente uma pergunta persiste: até que ponto o "lascivo" da negra ainda se reveste de auras ultrajantes? Ou será que a própria sensualidade, visualizada em ligações sexuais, atrai para si conexões depreciativas?

De uma forma ou de outra, a decodificação do conceito parece ancorar-se em falsas premissas. As incoerências do sistema e os abusos que a escravidão permitiu emendaram-se em denúncias enfáticas. Infelizmente, há resquícios que desfocam o pensamento histórico. Que sejam questionados modelos moralistas ou paradigmáticos. Que sejam questionados os princípios de dominação que a escravidão privilegiou, anulando a espontaneidade da negra a ponto de gerar imagens prostituídas. Que sejam questionadas as maquetes casuísticas de um passado já poluído pelos disfarces. O que não se pode questionar é a veracidade do charme erótico da negra. Esse se distende em tempos e em espaços... E consegue sobreviver, mesmo nascido na escuridão crepuscular da escravidão colonial.

Moda de mulher negra

O passado patriarcal editou figurinos ao compasso dos padrões comportamentais de classe. Não poderia ser de outra maneira. A beleza da mulher esteve aliada ao poder, com diferenciações nítidas de direitos e deveres para cada "fratria" – princípios de arte a serviço da elite. A normatização do social privilegiou uma minoria que se animou sob a égide das excelsas referências. Os insulados, na base, que tratassem de respeitá-las porque sociologicamente inferiores.

No patriarcalismo, essas diferenças foram berrantes e espelharam funções opositivas. Se houve classes sociais, houve necessariamente pólos eqüidistantes. Ratificá-los e endurecê-los fazia parte da política discriminatória. Nada melhor que o vestuário para oferecer visibilidade aos contrários e para exacerbar o que deve ser acentuado, as aparências. E o que mais se desejou senão o fortalecimento das elites e o enfraquecimento dos segmentos subordinados? A moda serviu, e muito, para mover os tombadilhos do poder.

O *vestir* pode sinalizar um ato de despojamento ou um ato de grave ostentação. Indica, sem eufemismo, uma pirâmide em cascata. Com diáfana clareza. Veste-se aquilo que agrada aos olhos, com base, evidentemente, no aceite dos outros. E respeita-se uma expectativa da qual não se deve fugir. O traje tem uma força significativa incomum. Até mesmo as cores determinam os estamentos sociais.

O conotativo da moda contemporânea brasileira advém de uma mistura de culturas e de classes, com fronteiras acentuadas ou tênues. A africana, ao longo do tempo – a história faz-se com tempo, e muito tempo –, embora subjugada às normas impostas, conseguiu estabelecer um fluxo e um refluxo de cores e de estilos que vão desaguar no tipo brasileiríssimo de vestir. Atualmente, ressalta-se a malha estética com "bilros" de africanidade, a ocupar espaço na sociedade nacional. A moda em alta vingou a partir da composição entre as diferenças, nas quais as etnias intervieram num gradiente de maior ou menor influência.

> O que hoje se apresenta como um tipo nacionalmente brasileiro de sociedade e de cultura tanto resulta do que se pode considerar, nesse conjunto, sua predominante feição civilizada avançada como sua

sobrevivente primitividade: um complexo sociocultural antropológico nada insignificante quando assim misto. Para tal concorreu grandemente o afro-negro (Freyre, 2002, p. 88).

A combinação de "civilidade" e "primitividade" embeleza a plástica da aparência à luz de excelentes ondulações que cativam olhares internacionais. A mescla ensejou invejáveis derivativos, enfatizando as particularidades de um Brasil complexo em etnias. O primitivo induz ao simples e ao despojamento; o civilizado invoca a fidalguia dos salões aristocráticos. De um e de outro, depreende-se a composição esteticamente aplaudida pelos mais aficionados figurinistas ocidentais.

Naturalmente, a síntese deu-se com o passar dos séculos, quando a cultura africana se embrenhou na sociedade brasileira de maneira mais firme. No período patriarcal, registrou-se o inverso: as diferenças agudizaram-se e marcaram, com manifestas exibições, classe e etnia. O fosso existiu e deu-se com claríssimas atitudes hierárquicas. Sob o prisma da fidalguia, imperou a influência das modas francesa e inglesa, que desfilavam largamente na Europa. Absorveu a portuguesa os estilos importados que a honravam no "último grito" da elegância. Os insumos exteriores da beleza arquearam o referencial da civilização vitoriosa.

Em *O carapuceiro* (Recife, 1843), dizia o padre Lopes Gama que [...] "As nossas sinhasinhas e yayás já não querem ser tratadas senão por demoiselles, mademoiselles e madames. Nos trajes, nos usos, nas modas, nas maneiras, só se approva o que é francez; de sorte que não temos uma usança, uma prática, uma coisa por onde se possa dizer: isto é próprio do Brasil" (Freyre, 1981a, p. 102).

Apesar da observação do padre Lopes Gama, válida para o século XIX, com as devidas ressalvas, como ele próprio as expressou, a portuguesa exagerou na aparência – séculos XVI, XVII, XVIII e começo do XIX, quando as viagens à Europa eram pouco freqüentes ou quase impossíveis –, enfeitando-se demais, como já se aludiu no capítulo relativo a esse tema.

O fato é que a compulsividade em fazer-se bela, por parte da lusitana, contribuiu para a fabricação das mimosas rendas nordestinas, plenamente cobiçadas pelos estrangeiros, que se alumbram com o feitiço e a artesanalidade do produto. Tanto assim que, em tempos atuais, com o avanço da industrialização e o acesso a tecnologias de ponta, tais trabalhos equivalem a excêntricos preciosismos, conseqüência da disponibilidade de uma mão-de-obra barata, hereditariamente especializada. Com paciência evangélica, a execução de peças delicadíssimas chama a atenção por sua natureza exclusivista. A arte da renda e do bico é artesanal, escapando aos chamamentos da maquinaria avançada de produção em série. Impossível produzir os desenhos de uma dúctil Renascença sem o apuro de mãos francamente esmeradas.

> A mulher patriarcal no Brasil – principalmente a do sobrado –, embora andasse dentro de casa de cabeção e chinelo sem meia, esmerava-se nos vestidos de aparecer aos homens na igreja e nas festas, destacando-se então, tanto do outro sexo como das mulheres de outra classe e de outra raça, pelo excesso ou exagero de enfeite, de ornamentação, de babado, de renda, de pluma, de fita, de ouro fino, de jóias, de anel nos dedos, de bichas nas orelhas (Freyre, 1981a, p. 98-99).

Sem os requintes de paramentos da portuguesa – bicos, rendas, penas, plumas –, as escravas vestiam-se de acordo com sua posição social. Como se não bastassem as etiquetas de um jugo arbitrário, sucediam-lhes outras, essas de origem estilística. À parte, visualizadas em estéticas distintas, aceitavam o império absoluto das arianas e cobriam-se com panos, quase sempre estampados ao gosto africano, ou seja, alheios às normas da beleza ocidental. A competição entre portuguesas e negras deveria ser evitada a qualquer custo. Na qualidade de subalternas, o ostracismo impunha-se-lhes como uma luva, um imperativo exterior que gotejava do regime escravista. Não foi à toa a discriminação. A roupa sempre serviu de instrumento de legitimidade de poder e de estigma de exclusão. Plugadas pelos lustros da ordem vigente, as mulheres lusitanas respaldavam-se mais uma vez em critérios distintivos.

Sob o crivo da escravidão, a negra não escapou das modulações inferiorizantes do trajar. Paramentou-se com roupas "desdenhosas", isto é, com roupas indicadoras da situação de subalternidade. Usava turbantes ou lenços na cabeça, porque tais adereços referendavam estereótipos estigmatizantes. Cobrindo a cabeça, ela cobria a liberdade e respondia à expectativa social: a de enquadrá-la na postura de sujeição. Ao menor lampejo de desobediência, a norma editada falava mais alto. O ocultar a cabeça tinha um significado importante, por ensejar um rótulo representativo de pessoas sem prestígio. Cabelos compridos e bem tratados para as portuguesas. Reservavam-se o direito, como senhoras de patriarcas, de alardear belos penteados, contanto que prevalecesse o destaque da fidalguia – os cabelos eram repuxados para trás em exagerados coques e conferiam ao rosto uma moldura nem sempre embelezadora, mas supostamente requintada. Todos os esforços valiam a pena na tentativa de fortalecer o culto à estereotipia feminina e à divisão de classes sociais.

Um preceito a mais sobrelevava-se na liturgia da submissão africana: esconder os cabelos debaixo de lenços ou turbantes... Requisito que visava firmar o *status* inferior de cada uma. As mulatas, na saudável ambição de ascender e de se confundir com os figurinos da branca, reagiram a esse sinal de expurgo social. E já se sentiam libertas quando se independentizavam da cabeça coberta: uma mancha agregadora de sintomas de humilhação. Ainda hoje, do cobrir a cabeça latejam interpretações do passado. Na zona rural do Nordeste brasileiro, é muito comum o hábito de usar lenços nos cabelos, a evocar chapéus protetores, expressão de pudor ou de recato, principalmente entre camponesas que se retraem à medíocre situação de marginalidade.

Parece que no cabelo ou, pelo menos, na cabeça – leia-se no alto – sedimenta-se a graduação do poder. Basta recordar as monarquias com seus símbolos bem patentes: coroa, cetro, bastão. Mas coroa em primeiro lugar. Os toques elitizantes começam pela cabeça, como prêmio ou galardão de recompensa. Glória, honra, distinção; cimo, cume, topo. A exuberância de uma bela cabeleira, ou o excesso de demonstração de vestuário, indicou categorias nítidas de classe. Exibicionismo ou retraimento.

A própria Igreja Católica recomendou, durante muito tempo, o uso do véu para expressar humildade no louvor a Deus. De cabeça coberta, as fiéis solidarizavam-se numa atitude de respeito ao divino. Um sinal de pudor, como se a cabeça coberta explicitasse o reconhecimento público da reverência. O véu teve até pouco tempo sua representatividade, e ninguém entrava na igreja de cabeça descoberta. Ninguém, não; diga-se, mulheres; porque dos homens não se lhes exigia tal costume. Ao contrário, retiravam o chapéu e ainda o retiram ao penetrarem em recintos fechados e, sobretudo, sagrados.

Note-se que as freiras escondem ou escondiam os cabelos com mantos exageradamente largos, enquanto os padres não carecem de tal privação. Tudo leva a crer que a condição de gênero masculina acarreta, na religião católica, algumas regalias. Estão, todavia, a ocorrer reformulações nos fundamentos da Igreja, objetivando torná-la mais equânime. Por sua natureza humanitária, a religião tende a destruir preconceitos, o que implica o anulamento dos bolsões discriminatórios de gênero. Na acepção moderna, o véu caiu de uso e a própria comunhão é ofertada pela mulher, embora a consagração da hóstia ainda lhe seja vetada. Resistem algumas prerrogativas hierárquicas que beneficiam o homem, como a celebração da missa e cerimônias análogas. À mulher, falta-lhe ocupar espaços mais destacados na liturgia da religião. Conquistas aconteceram e merecem registro no contexto histórico do catolicismo. Porém a paridade ainda não se efetivou.

A exibição das "madeixas" particularizava modelos estéticos que transcendiam a esfera do belo para grimpar púlpitos elevados, que já carregam, na essência, características superlativas. O poder entroniza concepções refinadas, arroga-se *per si* categorias de beleza; logo, torna-se desnecessário enaltecê-lo, uma vez que arrasta suficientes aptidões de valor. Uma inversão de critérios que ganha terreno à medida que a sociedade reconhece e acumplicia a formação de castas institucionalizadas. E os rótulos se firmavam – à mulher branca, cabelos compridos e escovados; à mulher negra, cabelos curtos, estigmatizados e encobertos.

Havia exceções. Algumas negras conseguiam vestir-se no mais puro requinte do trajo africano, à custa, todavia, dos amantes que lhes pagavam as despesas do luxo. Representavam uma pequena minoria que tirava proveito de uma situação especial, a cuja clandestinidade souberam barganhar o devido preço. Em todo caso, valiam-se de um instrumento de inferioridade – a pecha de concubinas – para converter os vezos discriminatórios em lucros que explicitassem os matizes estéticos. Usavam o escudo da ilegitimidade como uma fração, embora diminuta, de vantagem pessoal. Malgrado a postura desconfortável, usufruíram de alguns ganhos que, no frigir dos ovos, apenas arremantavam a empáfia do senhor patriarca.

> [...] Amantes de ricos negociantes portugueses e por eles vestidas de seda e cetim. Cobertas de quimbembeques. De jóias e cordões de ouro. Figas da Guiné contra o mau-olhado. Objetos de culto fálico. Fieiras de miçangas. Colares de búzio. Argolões de ouro atravessados nas orelhas (Freyre, 1966, p. 337-38).

Essas negras-rainhas desfilaram garbosamente ares de fidalguia. O requinte no trajar chamava a atenção e apontava para o grau de versatilidade de que tanto se muniram. Distinguiram-se pela liberdade conquistada – a preços altos, naturalmente. A graça do talhe e o ritmo do andar compendiavam a elegância de quem não perde o porte de majestade.

Mãos e pés, cuidadosamente tratados, insinuavam ociosidade: recusa a trabalhos manuais pesados, negação de esforços físicos, demonstração de nada fazer e de nada produzir – pré-requisitos de segmentos privilegiados. Por fim, revelação de superioridade de classe. Quem mais poderia cultivar o ócio senão a mulher branca e o patriarca? Para esses, o tempo resumia-se em mais um instrumento de brincadeira. Foram exímios na arte de driblá-lo. Sobretudo o homem que se dava ao luxo de dormitar em imensas horas de "folga".

E na moda o masculino também refletiu o desastrado ócio. Freyre demonstrou, com uma originalidade impecável, que o homem português chegou a ser "feminino", tamanha a manifestação de apuros de vaidade. Cuidava-se em demasia ou poupava-se em demasia: mãos delicadas, pés amanhados com assiduidade, cabelos com brilhantina, bigodes lustrosos, barbas talhadas, enfim, tratos exagerados que lhe conferiam um perfil mais feminino que masculino. A lassidão em que vivia não lhe possibilitava uma musculatura desenvolvida. A lerdeza, a languidez, a inércia triangulizavam uma bandeira favorável à anatomia debilitada. Corpos franzinos, que se moldavam à imagem de mulher. A pele macia misturava-se a características de sexo frágil. As diferenças entre homem e mulher, no período patriarcal, subscreveram hiatos mais sociológicos que biológicos. O reforço às desigualdades culturais serviu para cristalizar as idealizações de fragilidade e de virilidade. Mas a essência anatômica do homem mostrou-se frágil, em conseqüência de sua inapetência às atividades físicas. As regalias sociológicas responsabilizaram-se, outrossim, em masculinizá-lo mediante um machismo autoritário e implacável. O certo é que a "feminilidade adquirida", nos idos da bagaceira, pouco foi detectada. O mundo sociocultural repassou excelentes aromas de arrogância para esse homem; homem até debaixo d'água.

> [...] O homem, no Brasil rural patriarcal, foi a mulher a cavalo. Quase o mesmo ser franzino que a mulher, debilitado quase tanto quanto ela pela inércia e pela vida lânguida, porém em situação privilegiada de dominar e de mandar alto (Freyre, 1981a, p. 101).

Do que se observa que o tálamo sociológico, com seus melindres de santuário intocado, alvitra construções simbólicas ao bel-prazer, outorgado por uma independência quase patógena. Manda e desmanda na engrenagem normativa. Foi assim no passado e ainda o é no presente. E há de ser nos futuros próximos e longínquos.

Impossível para as negras ou para as mucamas e, menos ainda, para as trabalhadoras agrícolas conservarem a higiene perfeita dos pés e das mãos, elas que eram verdadeiras burras-de-carga, quer na casa-grande, a cuidar dos afazeres domésticos, quer no eito, a lavrar, a plantar, a extrair a colheita. Pés e mãos contabilizavam as mais valiosas ferramentas de trabalho. Como tal, não lhes restavam sobras de tempo para dedicação a esses cuidados. Pele grossa, calos nas mãos, pés maltratados acusavam a labuta diária que nem sequer possibilitava momentos de asseio pessoal.

Assim, a negra não pôde cultuar o corpo: não fez uso de cosméticos reparadores, tampouco acudiu às "cicatrizes" temporais. Espelhou-se diafanamente, em estado puro, longe da sofisticada pintura dos modeladores estéticos. Sem consagrar-se aos princípios da "encenação pessoal", envelheceu a céu aberto, desconhecendo os retoques de beleza, tão aplaudidos e tão generosamente enganadores. Há de admitir que os recursos da estética agem com indiscutível eficácia. Cabelos em *mise-en-plis*, vestidos de bom corte, mãos e pés tratados dão à aparência lances mágicos, quase de ilusionismo. Hoje em dia, costuma-se frisar que não há mulheres feias; há, sim, mulheres mal produzidas. Um "axioma" que não induz a contestações.

Do espartilho aos estranhos penteados, a artificialidade estética se fez tônica de representação de elite. Os adereços denunciaram claros separatismos. O uso de roupas inadequadas – à maneira européia – determinou mais uma distorção do *ethos* patriarcal. E o que se referia à moda de cabelo seguiu parâmetros semelhantes.

As negras e os negros forros fizeram uso de belas cabeleiras, talvez para desafiar o preconceito de cabeças cobertas em africanas submetidas ao regime da escravidão. O esmero nos penteados revela a altivez de uma liberdade que não se queria contestada. E percebe-se que os sinais estéticos começavam pela cabeça e todo o esforço de exibi-la seria pouco na neutralização de rejeitáveis estrabismos.

> Quanto aos cabelos, repita-se que os negros forros, os caboclos e os mulatos livres se esmeravam quase tanto quanto os brancos em trazê-los bem penteados e luzindo de óleo de coco, os homens caprichando quase tanto no penteado quanto as mulheres (Freyre, 1981a, p. 101).

Às negras proibia-se também o uso de jóias e de tetéias com finalidades análogas, ou seja, a de marcar distâncias sociais. Mais uma fronteira discriminatória. Enquanto as brancas se atopetavam de ouros e finas bijuterias, a ponto de sugerirem apelidos pejorativos de macacas – tal a injunção de braceletes, cordões, fitas, pratas –, às negras lhes eram interditados aparatos que porventura pudessem ferir a faísca de sua oponente. À beleza associavam-se o poder e o mando, devendo-se evitar possíveis manifestações de equanimidade.

De modo geral, obedecendo ao rigor das angulações de classe, a moda da mulher negra era simples, porém colorida e alegre, refletindo o temperamento extrovertido da raça. Normalmente, usava "panos da Costa" com listras vermelhas, vestidos de matames, babados brancos e lenço na cabeça. Quantas vezes ela teve que despir as vestes de malês para enfrentar a europeização da indumentária! Uma desafricanização que não conseguiu anular sua performance. O gosto africano perdurou: abundância de babados, riqueza cromática, firmeza das cores, estampas florais, cenografia lúdica das saias.

No mundo patriarcal, a mulher portuguesa simbolizou o objeto de procriação, já se sabe. Mas se queria uma mulher no rigor da moda: barroca, plena de curvas, seios volumosos, um conjunto de ostentações que propugnassem os referenciais da beleza. Afinal, o objeto desejado deve atender às solicitações de quem o deseja. Se não atende satisfatoriamente, merece ser escanteado e trocado por outro em melhores condições. Quantas e quantas vezes a mulher branca foi relegada diante do fascínio da negra? A escolha partiu sempre do homem, que a ambas manipulou com o peito inflado de gozo.

A roupa, o jeito de trajar, o porte contextualizam uma época. Estilos de cabelo, penteados, cortes, vestidos bem talhados ou não, roupas desleixadas ou elegantes, saias rodadas, cores berrantes ou neutras somam-se ao clipe instantâneo de uma era. E revelam a síntese do *modo de estar* de uma gente. Modos e modas, de homens e de mulheres. No caso, de mulheres negras. Moda ou antimoda?

A proibição de jóias, a cabeça coberta, as mãos e os pés maltratados, os vestidos "ao gosto da África" resumiam o tom da submissão da indumentária feminina da negra. A roupa externou os labirintos de uma sociedade acimentada em tirânicas "castas". Para a africana patenteou um estigma a mais na escala da dominação.

A SÍFILIS E A NEGRA

A sífilis, nos tempos de outrora, aleijou, deformou, matou. Fez o que quis. Povoou disgenicamente os corpos, fragilizando-os, tornando-os feios, mirrados, caquéticos. Atingiu de forma indiscriminada as raças, do dominador ao dominado. Sancionou uma das piores influências da europeização. Da gente civilizada veio o terrível mal. Desbragadamente. À vontade. Como se a terra do pau-brasil fosse apenas mais um canteiro de importação. O sêmen derramou-se pelo massapê para fertilizar a cana e para infestar o húmus de pestes exógenas. Não houve regras que delimitassem o desvario do povoamento. A empreitada da colonização, não sendo estatal, privilegiava um individualismo que se argüia de suportes privatistas.

Por dever de justiça, impõe-se recorrer à história, demonstrando que, antes do português, europeus em visita ao Brasil já disseminaram o lues. Entrementes, com a vinda em massa de lusitanos, devido à instalação colonizadora, a patogenia alastrou-se à semelhança de uma praga, a espargir nefastas conseqüências, tanto sociais quanto genéticas. Um flagelo que alterou a plástica do brasileiro e arrecadou respostas drásticas para o desenvolvimento biológico de um povo em formação.

> De todas as influências sociais talvez a sífilis tenha sido, depois da má nutrição, a mais deformadora da plástica e a mais depauperadora da energia econômica do mestiço brasileiro. Sua ação começou ao mesmo tempo que a da miscigenação; vem, segundo parece, das primeiras uniões de europeus, desgarrados à toa pelas nossas praias, com as índias que iam elas próprias oferecer-se ao amplexo sexual dos brancos. "A tara étnica inicial" de que fala Azevedo Amaral foi antes tara sifilítica inicial (Freyre, 1966, p. 51).

O português muito procurou culpabilizar o africano pela ação patogênica da sífilis. Na verdade, ele, o africano, foi o principal receptor, contraindo, com absoluta involuntariedade, o mal de lues, sem nem sequer conhecer os vieses danificantes de seus efeitos. Mansamente, na condição de escravo infestado, recebeu a disgenia do "civilizador".

A feiúra, a desnutrição, a pele manchada, a velhice precoce... são distorções oriundas da falta de equilíbrio genético. Não havendo harmonia, o organismo embrenha-se em deformações que proliferam à medida que fatores dissolventes atuam no sentido devastador. A sífilis não agiu sozinha; esteve sempre irmanada a outros elementos perturbadores da ordem orgânica. O quadro acentuou-se em uma cacogenia sucessiva. Séculos e mais séculos; descendências e mais descendências; gerações e mais gerações. Uma seqüência que se encaixava no novelo da ancestralidade. Assim, pilhou o sangue em "cruzes" progressivas e corrompeu à brava – aliada a portentosos cúmplices.

Data do princípio do século XVI a grossa disseminação da sífilis no Brasil. Da chegada dos portugueses, os grandes contaminadores. Os franceses foram, contudo, os primeiros a jorrar a doença entre os autóctones durante as visitas à América. Registre-se que, já no mesmo século, o Brasil era considerado o país da sífilis por excelência. Não é difícil imaginar o quão galopante se deu sua propagação! A França viveu a temida peste sifilítica no século XVI, o que leva a concluir pelo núcleo de origem da doença. Os franceses propalaram o mal para o resto da Europa, contaminando corpos sadios e difundindo o que deveria ter sido erradicado rapidamente. As condições da medicina – ainda em atraso significativo – não possibilitaram um combate eficaz, razão pela qual a doença ganhou terreno sem um antídoto à altura.

> Oscar da Silva Araújo, a quem se devem indagações valiosas sobre o aparecimento da sífilis no Brasil, liga-o principalmente ao contato dos indígenas com os franceses. [...] Menos infectados não deviam estar os portugueses, gente ainda mais móvel e sensual que os franceses (Freyre, 1966, p. 53).

Espalhada pela terra da cana, não houve remédio para combatê-la. A orgia da doença, sexualmente transmitida, entronizou-se em gentes indefesas.

A negra recebeu, isenta de qualquer vacina, o esperma do português. Quantas vezes esperma contaminado! A ignorância reinante acionou posições antiéticas. Não se adotaram métodos profiláticos para prevenir a enfermidade, antes animaram-se contatos sexuais como solução para os problemas do despovoamento. Logo, é fácil avaliar a irradiação da sífilis numa sociedade próspera em paladinos do sexo. Gente derrotada pela doença. A negra a absorveu sem o menor controle preventivo, a ostentar, no próprio corpo, a chaga da "perdição". Quase tatuagens denotativas do contato com o branco. Um encontro do fraco com o forte, com sérias desvantagens para o fraco, é evidente. Houve um desbragado relaxamento, ao qual a ordem social não impôs, sequer, medidas de precaução.

No "cartel" da seminalidade, a negra hospedou em maior dose as chagas do regime. E, infelizmente, os destroços que a escravidão proporcionou atingiram expressivos níveis biológicos, com prejuízos que se arrastaram por muito tempo.

> A "raça inferior", a que se atribui tudo que é *handicap* no brasileiro, adquiriu da "superior" o grande mal venéreo que desde os primeiros tempos de colonização nos degrada e diminui. Foram os senhores das casas-grandes que contaminaram de lues as negras das senzalas (Freyre, 1966, p. 341).

Da casa-grande, a sífilis invadiu a senzala, o massapê, o canavial... Nasceu na intimidade da família portuguesa e de lá rapidamente se infiltrou por entre os recantos do engenho. Adentrou precoce e avassaladoramente. Meninos brancos, os nhonhôs, de 12, 13 anos, já exibiam orgulhosos a marca da sífilis, confundida com o emblema de virilidade. Desde os tenros anos, aos meninos dóceis, mais inclinados a empinar papagaio que a outra coisa, cobravam-lhes o exercício da sexualidade. Cedo sifilizaram-se em nome de uma petulante falocracia. Doentes, a cadeia de contaminação processava-se numa velocidade progressiva, a conspurcar o bem-estar humano com marcas nefastas. Agora, sim, o adolescente portava-se como macho, curvando-se diante das doutrinas da casa-grande. Pouco preocupou a patogenia. Valeram os pendores de homem, prematuros em sexualidade.

O distintivo sifilítico, por incrível que pareça, arrogou-se de insolências de macho. Sifilítico, mas macho, ninguém poderia questionar sua pronta e eficiente lascívia. O corpo denunciava a mancha do falo. Que a sociedade o recebesse com aplausos, pois teria cumprido a função de homem, homem antes de ser verdadeiramente homem. Homens abreviaturas de gente, endeusados pela generosidade do sexo antecipado. Cuidados não se tomavam para escapar da doença. Precauções havia, e muitas, para evitar que se transformassem em donzelões. O perigo estava aí. Para tanto, esforços não faltaram no prevenir de tamanha desgraça.

> [...] Doença por excelência das casas-grandes e das senzalas. A que o filho do senhor de engenho contraía quase brincando entre negras e mulatas ao desvirginar-se precocemente aos doze ou aos treze anos. Porque

depois dessa idade já o menino era donzelão. Ridicularizado por não conhecer mulher e levado na troça por não ter marca de sífilis no corpo. A marca de sífilis, notou Martius que o brasileiro a ostentava como quem ostentasse uma ferida de guerra (Freyre, 1966, p. 50).

Ferida de guerra, a sífilis sacralizou muitos heróis. Pequeninos em idade, mas protagonistas de façanhas libidinosas. Uma maneira distorcida de glorificar o sexo masculino, exigindo-lhe uma prática antecipada. O Brasil patriarcal foi um Brasil com horror a maricas. E eis que os meninos sentiam-se na obrigação de blasonar os indicativos de masculinidade e, entre outros arrancos de macho, abençoou-se a terrível doença com medalhas de ouro. A sífilis campeou, editando drásticas conseqüências. Semeou mazelas, fez óbitos e aviltou geneticamente as etnias.

Negrinhas virgens, as mais apetitosas, indicavam a grande atração dos meninos sifilíticos. Dizia-se até que nada melhor do que uma negrinha virgem para a cura do sifilítico. Sórdida lenda que reinou em tempos coloniais. Como se o excesso de saúde da africana pudesse neutralizar o despautério do lues. Cruel argumento que vem somente ratificar o abuso do corpo da negra. Uma espécie de remédio para expurgar o mal do sangue. A negra, ao entregar-se passivamente, ao ajudar o nhonhô a descobrir-se na sexualidade, ao celebrar o *tête-à-tête* com o macho, estaria sepultando sua eugenia étnica. "Negras tantas vezes entregues virgens, ainda mulecas de doze e treze anos, a rapazes brancos já podres da sífilis das cidades." (Freyre, 1966, p. 341)

Da miscigenação, espocaram algumas inferências catastróficas, disgênicas e deformadoras da plástica brasileira. É bom que se esclareça: não foi a miscigenação perniciosa; a sifilização, sim, provocou resultados desastrosos. A miscigenação, em si mesma, enriqueceu o gene brasileiro, diversificando e misturando raças. Porém a miscigenação, quando em estado sifilítico, arruinou o equilíbrio biológico e detonou o banquete das enfermidades.

O Brasil patriarcal encharcou-se em gonorréias. O que se poderia esperar de uma terra atolada em precocidade e em clandestinidade sexual? Uma vez doente, o homem ou a mulher não tinha como se livrar do mal, em virtude dos pálidos recursos científicos, então incapazes de combater certas moléstias perniciosas. A cura não se dava porque o remédio não existia. O desconhecimento de medidas preventivas ocasionava a proliferação das doenças venéreas, que campearam sobre o leito nupcial ou sobre o leito secreto da negra.

Numa sociedade onde o sexo é visto como sinônimo de aparato fálico, é natural que as doenças sexualmente transmissíveis – as DSTs – se propaguem generosamente, sobretudo quando não avultam meios para preveni-las, menos ainda para curá-las. A medicina desconheceu, nos tempos de colonização, os passos para uma qualidade de vida razoável. Sexo livre, com libertinagem, rico em voluptuosidade, significou abundância de gonorréias. O Brasil tinha tudo para ser campeão de doenças venéreas. Pode-se afirmar que o sistema patriarcal foi pródigo em DSTs. Bastante pródigo até.

> É claro que, sifilizadas – muitas vezes ainda impúberes – pelos brancos seus senhores, as escravas tornaram-se, por sua vez, depois de mulheres feitas, grandes transmissoras de doenças venéreas entre brancos e pretos. O que explica ter se alagado de gonorréia e de sífilis a nossa sociedade do tempo da escravidão (Freyre, 1966, p. 342).

O elixir e as garrafadas – com estampas estranhamente devotas, de imagens do Menino Deus, cercado de anjinhos, a aconselhar o elixir tal – tiveram a função de chamar a atenção para a doença, mas não alcançaram o êxito da cura. A sociedade adotou várias tentativas, algumas homeopáticas, que não surtiram, contudo, os efeitos almejados. Serviram apenas como denúncia de um mal que inundou o sangue imoderadamente. A política sexual fora sempre a de cultuar a licenciosidade em níveis elevados. A sífilis espalhou-se sobre um campo aberto à sua ação devastadora.

Contaminada, a negra contaminou. Um verdadeiro pingue-pongue de transmissão. De um lado, o português adulto, submerso na enfermidade, a prevaricar e a abusar da vagina sadia da africana. Uma aberração para a qual o regime tratou de garantir legitimidade. Do outro, o menino, às vezes tímido e indiferente às coisas do sexo, a enxergar na negra a tábua de salvação na descoberta do fruto proibido, amplamente ovacionado pelos mais velhos. Fruto proibido, diga-se de passagem, que ainda poderia tornar-se proibido por muito tempo sem o menor prejuízo para o seu desenvolvimento sexual.

> A sífilis fez sempre o que quis no Brasil patriarcal. Matou, cegou, deformou à vontade. Fez abortar mulheres. Levou anjinhos para o céu. Uma serpente criada dentro de casa sem ninguém fazer caso de seu

veneno. O sangue envenenado rebentava em feridas. Coçavam-se então as perebas ou "cabidelas", tomavam-se garrafadas, chupavam-se cajus (Freyre, 1966, p. 343).

A familiaridade com a doença fortaleceu o holocausto disgênico. Tudo que é familiar adquire graus de convivialidade que distorcem a possível dimensão de perigo. A sífilis congregou esse caráter de "confiança" que muito adulterou os nocivos desdobramentos. A contaminação via sexo parece ter ofuscado a letal influência da enfermidade. Sexo, como coisa de alcova, jamais deveria extrapolar os espaços privados ou, melhor, os espaços íntimos. Resguardá-lo no esquecimento incorria em atitude de bom-senso porque, de ordinário, o familiar é invisível ou se quer invisível pela proximidade do sujeito com o objeto.

A sifilização e a miscigenação andaram juntas. De mãos dadas. Uma devastando o que a outra semeou de positividade. Companheiras inseparáveis. Tão siamesas que chegaram a provocar confusão de limites. Não se sabia onde começava uma e terminava a outra. Daí a dificuldade de estabelecer fronteiras, fazendo com que se acusasse indevidamente a miscigenação pelos danos exclusivos da sifilização. O que a miscigenação gerou de belo, a sifilização degenerou no feio. A deformidade. O enfraquecimento da raça. A loucura. À mistura de corpos, a nefasta penetração da sífilis. À pluralidade de etnias, a catástrofe do sangue luético. À beleza da estética eugênica, o desastre da cacogenia.

> À vantagem da miscigenação correspondeu no Brasil a desvantagem tremenda da sifilização. Começaram juntas, uma a formar o brasileiro – talvez o tipo ideal do homem moderno para os trópicos, europeu com sangue negro ou índio a avivar-lhe a energia; outra, a deformá-lo. Daí certa confusão de responsabilidades; atribuindo muitos à miscigenação o que tem sido obra principalmente da sifilização (Freyre, 1966, p. 51).

É lamentável dizer: o Brasil não se civilizou diante de tantas intempéries. Sifilizou-se antes. Em decorrência, postergou o processo "desenvolvimentista" que poderia ter começado mais cedo – e de forma menos dolorosa, com uma exuberância física mais saudável, sem os horrores da sífilis e das conseqüências por ela desprendidas. A sociedade brasileira nascida em base de eugenia seria outra. Há que se lamentar: o Velho

Mundo europeu saturou-se sifiliticamente e descarregou sobre as suas colônias o excedente patológico. Não aconteceu só aqui. Freyre mostra que, para o Sul dos Estados Unidos, o inglês também gotejou suas mazelas. Logo quem, o inglês, que sexualmente se reserva à discrição e à cautela nos relacionamentos sexuais! Encontros britânicos sugerem gestos prudentes. Imagine-se o português, energizando-se em orgasmos múltiplos e sem auferir os devidos discernimentos no que tange aos ímpetos da carne?! Não se poderiam aguardar resultados diferentes. Assim, a Nova Lusitânia não procrastinou a sífilis. Derramou-a no litoral nordestino com lassidão e brava ansiedade.

> Costuma dizer-se que a civilização e a sifilização andam juntas: o Brasil, entretanto, parece ter-se *sifilizado antes de se haver civilizado*. Os primeiros europeus aqui chegados desapareceram na massa indígena quase sem deixar sobre ela outro traço europeizante além das manchas de mestiçagem e de sífilis. Não civilizaram: há, entretanto, indícios de terem sifilizado a população aborígene que os absorveu (Freyre, 1966, p. 51, grifos meus).

Sem critérios civilizatórios definidos em normas dignificantes, males e benfeitorias se justapuseram, talvez umas mais que as outras. A sífilis, com certeza, escalou frontispícios indefensáveis. Saiu dizimando gente como quem devasta insetos. Tudo pela leviandade do sexo desembestado em acenos de quase loucura, por leigos e padres. A prevaricação atingiu o clero. De um colonialismo afogado em pulsões genitais não se podia aguardar laivos de fidelidade.

> E não apenas os simples cristãos: também frades e eclesiásticos. Que muitos levaram a mesma vida turca e debochada dos senhores de engenho, sob a provocação de mulatinhas e negras da casa se arredondando em moças; de mulecas criando peitos de mulher; e tudo fácil, ao alcance da mão mais indolente (Freyre, 1966, p. 477).

A prostituição doméstica deu cancha à livre disseminação de uma sífilis implacável, que a ninguém poupou, nem mesmo aos recém-nascidos, esses contaminados pelo leite materno. Como se pode inferir, invadiu também gente que não praticou sexo. A ama-de-leite contagiou-se com o menino no peito ou vice-versa. Na aleitação, tanto a criança como a mulher transmitem reciprocamente patologias que são inevitáveis, tendo em vista as circunstâncias favoráveis ao cruzamento de algumas anomalias orgânicas. Verificou-se, portanto, a penetração da sífilis via amamentação, o que ocasionou prejuízos irreversíveis. "É igualmente de supor que muita mãe negra, ama-de-leite, tenha sido contaminada pelo menino de peito, alastrando-se também por esse meio, da casa-grande à senzala, a mancha da sífilis." (Freyre, 1966, p. 342)

A sífilis atuou como um divisor de águas tanto no mundo ameríndio como no mundo africano, ambos virgens de "ocidentalizações". Todavia, registre-se que alguns poucos negros já vinham contaminados, possivelmente em conseqüência de contatos com o Velho Mundo. Terras brasileiras viram-se, por efeito, esmagadas pela sua chaga. A índia, de supetão, recebeu o mal, e a negra, recém-chegada, também submergiu no lues. O primitivo não conhecia a sífilis. A civilização é que trouxe para o nativo uma série de fatores deteriorantes. Não pretendo aqui fazer a apologia das sociedades de pequena escala; mas há de se convir que as doenças da civilização acirram incontáveis "hecatombes" entre grupos sociais mais simples. O mosaico extremamente complexo do processo "modernizante" impulsiona encruzilhadas as mais polêmicas. O que espero ressaltar é a indiscutível origem da sífilis numa Europa amplamente civilizada, mas plena de patologias.

O Brasil, ainda no século XIX, estampava uma grande massa de sifilíticos. A erradicação da doença se deu lenta e gradualmente. Os higienistas demonstraram essa preocupação. Por ignorância ou por deficiência científica, a sífilis perdurou, durante muito tempo, impregnando a população brasileira de uma moléstia inspiradora de graves astenias sociais.

Doença sexualmente transmissível, o lues difundiu uma epígrafe às avessas: referendou no senhor branco a representatividade "positiva e distorcida" da arrogância peniana; enquanto na escrava denunciou a representatividade "negativa e igualmente distorcida" da moral sexual. Em suma: ministrou o escudo de uma indelével e cruel patogenia civilizatória.

À Sombra de Inconclusões

O DERRADEIRO PASSEIO PELA VETUSTA SOLEIRA DO ENGENHO DO PASSADO

Não vou concluir. Jamais o faria. Concluir para mim é uma forma de morrer. A efemeridade da existência e a angústia da finitude me estimulam a haurir finas e obstinadas indagações. Essa a destinação a que me entrego por inteira. Não tenho, portanto, pretensão de traçar epílogos. Aliás, Gilberto Freyre foge das abordagens definitivas. Chega a ter verdadeira aversão pelo que lhe parece peremptório. *Casa-grande & senzala* é um livro considerado "inconcluso", porque deseja sobrepujar-se ao tempo; ir além das suas fronteiras e atingir o imponderável advir; não se restringir à mediocridade de uma ciência enquadrada em posturas arcaicas; escapar do tradicionalismo negativo, inibidor de um pensar em verticalidade. Escrito para todas as épocas, supera o presente para alcançar o ontem e o amanhã. Obra "inacabada" e densamente atemporal.

Tecerei alguns comentários que incidirão tão-somente na perspectiva de despertar questionamentos. Jamais no assumir de idéias incontestes. Nenhuma pesquisa deve se arvorar em atos suicidas de exibir arrogantes axiomas para além do que permite o objeto de estudo. E, sendo o homem esse objeto, o transitório adquire a maior das proporções. Aqui reside a grande virtude de qualquer trabalho apoiado no humanismo: projetar descobertas e interrogações, nunca aduzir resultados incisivos; abrir frestas a conhecimentos, nunca pugnar atitudes decisivas; provocar, enfim, para usar um termo freyriano, germinações que afloram de um tronco, uníssono, porém caudaloso em ramificações.

Não pretendi dissecar – longe de mim – os vastos meandros do pensamento de Gilberto Freyre. Se alguma meta pretendi, e obviamente pretendi, foi a de incursionar nos escaninhos, por vezes até secretos e íntimos, de *Casa-grande & senzala, Sobrados e mucambos, Vida social no Brasil nos meados do século XIX, Modos de homem, modas de mulher* e *Oh de casa!* – com ênfase no primeiro, conforme já aludi na introdução –, quando tocados pelos "totens" femininos. Busquei. Interpelei. Inquiri. Contribuir para o acordar de inquietações sumarizou meu único intuito.

Creio que logrei o alvo em foco se, de alguma maneira, remexi no núcleo existencial de cada um. Minha posição é provocativa, prende-se à necessidade de resgatar os caminhos da mulher no passado colonial, exaltando o ímpeto madrugador de Freyre no que concerne à dimensão relacional de gênero. Os nichos femininos, até então escanteados ao silêncio tendencioso, reproduziram mentalidades enviesadas. Freyre é ímpar ao soerguê-los. Indiscutivelmente singular quando os soleva a patamares substantivos.

Partindo da introspecção proustiana, o autor confeccionou uma análise exaustiva da vida feminina por entre uma linguagem literária rica em figuras subjacentes. Vale realçar a imersão no tema, sobretudo a capacidade perceptiva do escritor ao retalhar a fundo os "mitemas" da mulher, atingindo aspectos implícitos e inconscientes da manifestação humana. O símbolo é a chave de todos os significados e, sem ele, os códigos não fluem por entre a cadeia da comunicação. A partir de uma inter, de uma intra, de uma transvisão, as alternativas desse simbolismo se projetam numa multivalência antes perceptiva e abstrata que concreta e materializada.

Não quis incorrer – jamais adotei tal procedimento – no erro de assinalar a versão feminina em detrimento da masculina. Esforcei-me por entender o processo como processo, sem mitigar as deslocações que perpassam toda e qualquer dinâmica. Se houve estigma inferiorizante da mulher – e houve –, esse estigma resulta de um fórum de muitas vozes e não de fatos simplesmente isolados. Freyre antecipou-se na noção de gênero ao "eliminar" a dimensão unilateral e apenas biológica do sexo. Assinalou a dialética homem–mulher, elaborando uma construção relacional numa época em que ninguém designava a "encruzilhada" dos confrontos sexuais. Sexuais, portanto, de gênero masculino e feminino.

***

Comecei o livro há dois anos. Devagar. Com muitos receios e inúmeras interrupções. O tema é delicado e sugere alguns tendenciosismos com os quais não comungo. O maniqueísmo me assusta. Por isso estou certa de que os medos justificaram as interrupções.

O gesto inconsciente de adiar persistiu. De repente, encorajei-me e assumi os duendes que bailavam sobre a cabeça. A imaginação dilatava os temores já existentes e os capitalizava em proporções irreconhecíveis. Vencê-los correspondia a um ato de bravura. Segui, então, minha trajetória tocada por uma força que não sei onde busquei. E então deparei-me com um Gilberto aliado ao feminino, seguramente perplexo diante do aparato absolutista de um patriarcalismo que se insulou no claustro da masculinidade, vetando ao sexo "frágil" patamares libertadores, porém não conseguindo anular o manejo subliminar que dele bafejou. Nenhum antropólogo havia indicado com tanta veemência a posição oprimida da mulher no mundo autoritário do massapê.

E essas mulheres me eram familiares. Seus retratos estão no corredor da minha casa e olham-me atentamente como que me cobrando alguma coisa. Fazia-se preciso, mais do que nunca, corresponder à expectativa de um passado que se instalava dentro de mim com reivindicações afetivas e científicas. Fui à luta. Venho, por parte da minha mãe, de uma família da aristocracia canavieira, o que me instiga a grandes vasculhações. Mas ousar certas afirmações me intimidava, e precisei de tempo para amadurecer as idéias. Dei tempo ao tempo. Há ousadias no livro que me provocam arrepios. O que seria da vida sem ousadias?

Ouso afirmar que Gilberto Freyre foi um feminista. Feminista na qualidade de antropólogo-sociólogo. Importante entender com clareza o que eu pretendo dizer. A concepção de feminista aqui vem utilizada a partir da visão das obras *Casa-grande & senzala* e *Sobrados e mucambos*. Feminista porque denunciador de uma sociedade patriarcal embasada num dualismo entre macho e fêmea. Mister não confundir militância com posição científica.

Freyre manifestou a acentuada preocupação em anunciar *a presença feminina brasileira*. A concepção feminista se atrela à denúncia antropológica da situação subalterna da mulher. Uma visão *lato sensu*. O primeiro pesquisador social brasileiro a fazer uso publicamente da metodologia da *Nova História*, ou seja, da história da vida privada que até então não tinha sido contada. Antecipando-se à Escola dos *Annales* (1929), sua tese, com o título *Vida social no Brasil nos meados do século XIX* (1922), explorou o "documentário" íntimo da família, dando realce à domesticidade dos costumes. Esse trabalho, realizado na Universidade de Columbia (Estados Unidos), exaltou o olhar para dentro da sociedade brasileira, precedendo, assim, o movimento histórico-metodológico francês de Lucien Febvre e Marc Bloch.

O passado patriarcal escondeu a mulher, ou a fez um bibelô de carne tão delicado que a afastou da cena principal com o ensejo de resguardá-la num *isolamento árabe*. Por trás da cortina, o sexo dito "frágil" descansaria na insipidez do trivial, lugar sagrado dos que não participam do espetáculo dominante. Gilberto feminista, porque capaz de sinalizar o desacerto dos sexos numa relação de gênero eminentemente dualista, inscrevendo o período colonial em suportes de desigualdade. Gilberto feminista, porque tradutor dos subjetivismos da mulher, então trancafiados em verdadeiros "divertículos". Gilberto feminista, a desafiar a opacidade da sala de jantar dos velhos bangüês. A vida privada, escancarada, ofertou ao autor extraordinários subsídios para a fotografia íntima da realidade do passado: a mulher figurava como peça central desse espetáculo doméstico.

Sabe-se que a exegese feminina permanecia oculta. Parecia não valer a pena avivar o que se segredava nos meandros da história privada. A ciência tradicionalista se encarregou de empalmar versões que não se adaptavam aos modelos esperados. Os documentos oficiais nem sempre revelaram os fenômenos na sua múltipla perspectiva. Afinal, num mundo de homens, é natural que o próprio homem tenha se municiado de consistentes argumentos com a finalidade de evitar os possíveis desequilíbrios da balança do poder. Freyre rastreia a autognose feminina, persegue a ascese e resgata a memória dessa mulher esquecida.

Em *Casa-grande & senzala* e *Sobrados e mucambos*, os sinais de alerta são contundentes e aduzem processos educacionais oblíquos. A menina, ainda verde de consciência, introjetou a pedagogia da sujeição. O menino, não menos vulnerável, absorveu a pedagogia da altivez. A bipolaridade de gênero foi esmiuçada. Não se pode ignorar a contribuição sociológica freyriana à etiologia da relação homem–mulher. Construções cognitivas diametralmente distintas nasceram no Nordeste, então faustoso, e se disseminaram por um Brasil geográfico e populacionalmente multifacetado.

O patriarcalismo tratou de *naturalizar* a opressão feminina porque tal dualidade favorecia a dinâmica da monocultura, por si pressurosamente absolutista. As ortodoxias receberam um engessamento proposital nos idos da bagaceira. A cana, no ápice do escalão fundiário, desprezou as culturas de subsistência, pequenas e humildes culturas que não obtiveram sucesso na terra do massapê por inarredável intransigência do império açucareiro. O patriarca, do alto da soberania social e sexual, não acatou possibilidades outras. Trazia no corpo a arma insuperável: o pênis idolatrado. Tanto um quanto o outro – o corpo para o eito, o pênis para o prazer – simbolizaram broquéis fortalecidos por uma engrenagem a serviço do mercado econômico europeu. Abafar os que circundassem o massapê – menos o patriarca, é claro – e explorar ao máximo o açúcar, eis o lema seguido.

Naturalizando as diferenças, gestavam-se culturalmente as desigualdades, que em muito ajudaram a erigir o jogo dos contrários. O espelho refletia imagens antagônicas. Sem a fusão das metáforas, as oposições de gênero alçavam terreno e o ufanismo do macho engrandecia sua decantada personalidade. Foi a gangorra dos contrários que fez o patriarcalismo se vangloriar de soberanas vitórias. Vitórias de homens sobre mulheres. De homens sobre escravos do eito. De homens sobre negras. E o gáudio desses homens começava em casa.

Uma sociedade monista, a dos nossos tataravôs. Assentada em uma trindade de unilateralismos – o *mono*ssexual, a *mono*cultura, o *mono*poder. As desembocaduras se afunilaram num mesmo caudal de interesses. A cana e o macho compendiaram visões estreitas e *mono*córdicas. O monismo possui traços exclusivistas de todo redutores. E as perspectivas minguaram na direção dos *mono*ssílabos imperiais.

Freyre priorizou o doméstico – a clausura de todas as glórias e fracassos patriarcais –, de modo a corporificar sua brilhante *Antropologia do cotidiano*. Conviveu com a rotina como se dela extraísse o fermento da representação social. Ninguém duvida que o cotidiano atraiu de maneira *suigeneris*. O que, para a maioria dos antropólogos, resvalava em ações "menores", para Gilberto ganhou o eixo de essencialidade. O simples, o trivial, o quase imperceptível assumiram uma relevância incomum.

Casa-grande & senzala revela-se, por excelência, um livro de retiros quase secretos. Abrangente em perspectivas; eclético em metodologia; holístico em compreensão. Texto que possui vida. Que cimenta proxi-midades. Que une gentes com sangue nas veias. Que diz de gente como a gente. Obra de *intimidades, rotinas e cotidianos*.

O autor ressuscitou refúgios familiares: matrimoniais, paternais, maternais, filiais, fraternais, consangüíneos, afins, matizando a aquarela dos recônditos. A saga da família é narrada vividamente. O Brasil de ontem transbordou em alicerces domésticos, chegando a consolidar suas raízes na unidade colonizadora familiar. Desse tronco seminal nasceram Brasis e mais Brasis.

Branca, negra, ou índia, o feminino atendeu a iguais dimensões de sujeição, variando somente a intensidade do jugo, nunca sua natureza. Houve, todavia, a prevalência de um termômetro piramidal, a indicar o escopo da desigualdade. A branca, na qualidade de colonizadora, pôde abrandar a asfixia da dominação com alguns cosméticos neutralizantes, que não resistem, contudo, à investigação mais precisa. Assistiu-se reprimida nos anseios, quando o senhor patriarcal subjugou-a à posição de procriadora: seu corpo, o legítimo ventre gerador, emprenhado nos claustros da casa-grande, fêmea reprodutiva, útero fatigado de parir. Nem mesmo como mulher prazerosa e sensual sobressaiu. Encolheu-se no papel secular de mãe e de esposa.

Ademais, a "iguaria" de *matriarca* não lhe foi concedida na peleja trivial. Gilberto Freyre pouco utilizou a expressão ao se referir à cotidianidade feminina lusitana, que, por analogia ao léxico do patriarca, deveria nominar a dona de casa da família colonial. Semelhante prêmio não serviu de tributo ao modelo feminino. Do que se conclui: a branca aceitou o voluntarismo do regime que, apesar de lhe ser favorável econômica e sociologicamente, não lhe assegurou vantagens de matriarca. Ao adotar os mandamentos prescritos, tecidos no triunfalismo da colonização, recorreu a artifícios amenizadores, mas não se beneficiou com regalos especiais. Tomou para si, nas ocasiões corriqueiras, o precário emblema de sinhá ou sinhá-dona, raramente de matriarca. Pelo menos, no ordeiro labor do engenho.

Ocorreram exceções: o autor as descreve com ênfase – talvez até com o intuito de demonstrar a extraordinária ingerência do feminino no molusco colonial. Porém essas exceções expuseram apenas singularidades, escapando a demonstrações substantivas. Destarte, sabe-se da exuberância das matriarcas, sobretudo em momentos de crise, quando a tessitura social reivindicou novas respostas. Aí, a mulher validou, com mais segurança, sua personalidade, a despeito da insistente recorrência aos mecanismos protelatórios do processo libertador. A ação, ainda que esporádica, reiterou o vigor do feminino no mundo do massapê brasileiro. Mulheres que, chamadas à luta, não decepcionaram. Firmaram-se na liderança e na decisão de situações que aparentemente fugiam de seu controle. O mando explícito, à moda do patriarca, forneceu às portuguesas um excelente subsídio para a arrancada da emancipação.

Bem, se a branca se deixou levar pela subserviência, imaginem a índia. Esta sufocou os desejos étnico-culturais, quase totalmente usurpados pela mão enérgica do absolutismo açucareiro e jesuítico. O sistema a anulou, embora sua contribuição à cultura portuguesa tenha sido mais valiosa que a do homem indígena. E a negra? A condição de escrava fala por si.

A civilização da cana adotou o emblema da genitalidade. Atribuiu ao pênis um valor fundamental, como se dele emanassem os trunfos de um palco mórbido e enfermo. Talvez pareça esdrúxulo, mas a casa-grande viveu a *síndrome da genitalidade*. Derramou-se num sêmen procriador, emendando-se numa sexualidade pantagruelicamente peniana. Assim, os séculos XVI e XVII aplaudiram o cenário de *intoxicação sexual*, pleno de fantasias e de impulsos lascivos. O colonizador exerceu sua genitalidade em nome da povoação de uma terra imberbe de gente. O nervo central de *Casa-grande & senzala* recaiu, pois, sobre um doméstico banhado de sexo e de emoções eróticas.

Freyre afirmou, sem rodeios, que não há escravidão isenta de prostituição doméstica. A promiscuidade do sexo faz parte do jogo da dominação. Ora, em um ambiente de liberdade sexual, nada mais natural que os excessos ocorressem. Ademais, o ócio representou um forte tópico do patriarcalismo. O senhor de engenho não tinha muito o que fazer, a não ser dar ordens. Nesses vagares, a imaginação correu frouxa e construiu imensos castelos orgiásticos. Tudo concorreu para que a clandestinidade de encontros epidérmicos imperasse. Os casamentos eram encomendados, prevalecia a endogamia, casava-se para ajustar estruturas familiares em base de parentesco, de consangüinidade e de dotes econômicos. O patrimônio referendou um bem a ser preservado. Isso fez com que mulheres e homens, de um modo geral, não se casassem com quem desejavam; uniam-se de acordo com o xadrez endogâmico.

As mulheres firmavam laços matrimoniais muito cedo, ainda verdes de juventude, aos doze, treze, catorze anos. Com filhas de quinze anos em casa, já era hora de rezar para Santo Antônio e de colocá-lo de cabeça para baixo se o pedido não fosse logo-logo atendido. O patriarcalismo não suportou solteironas nem celibatários masculinos. Meninas casando cedo; meninos copulando igualmente cedo e orgulhando-se de apresentar no corpo a mancha da sífilis, insígnia de virilidade. A casa-grande se envaideceu de filhos machões, prontos para locupletar-se da honra de serem homens, indubitavelmente homens. A cobrança ao masculino foi perversa e inundada de preconceitos, às avessas, é claro.

As *precocidades* singularizaram o passado. Há que se ressaltar a *Apologia dos extremos* que norteou o mandala sociológico do colonialismo. Na rede relacional de gênero, tal apologia está presente. Mulheres preparadas culturalmente para satisfazer o desejo do macho. Homens engalanando-se de um pênis ereto. Se a branca se recatou no legítimo leito nupcial – acudindo às virtudes jesuíticas –, a negra, pela condição de escrava, submeteu-se às orgias afrodisíacas dos subterrâneos corredores do velho engenho. Quando o poder é dualizado em fronteiras nítidas, com a escravidão a emoldurar o regime, não há como escapar de excessos libidinosos. E de outros excessos, como o das grandes festas: banquetes de casamento que alardeavam falsas riquezas; excessos de recato – a adolescente, imagem pálida, aspecto doentio; a mucama, exuberante, a destilar sensualidade; excessos em nome da soberania econômica... nem sempre verdadeiros, ostensivamente escandalosos ou ostensivamente discretos.

A grande flâmula do patriarcalismo tremulou em partituras de genitalidade. A família colonial foi uma família de *Falo* e de *Vagina*. Falo orgástico e vagina derrotada. Naturalmente que interesses bastardos espocavam em filhos também bastardos. Pouco importou a "linhagem consangüínea" desde que a ereção da genitália sobrepujasse vãs tentativas de vida monogâmica. Para que idolatrar a fidelidade se a própria mulher aguardou comportamentos machistas, sobrecarregada por mais uma síndrome, a da obediência? Essa síndrome, tão bem construída no ladrilho da bagaceira, produziu efeitos deletérios. Infiltrou-se no canal socializador como a variável mais representativa do gênero feminino, nele agindo como um "depurativo" de graves conseqüências. A obediência muçulmana lacrou o caráter dogmático do mundo colonial.

Na exaltação do falo, o cristianismo, a seu modo, colaborou. Aceitou a superlatividade do homem sobre a mulher e, mais ainda, legitimou a clandestinidade, acobertando-a como um antídoto de efeito indiscutível. Para grandes males, grandes remédios, já diz o provérbio popular. O grande mal era a falta de gente num país despovoado, cuja dimensão geográfica espalmava-se sobre áreas desérticas. O grande remédio estava na fecundidade desregrada. Para tanto, o cristianismo soldou-se em argumentos tão contundentes que permitiu arrefecer questionamentos porventura refutáveis. Debaixo da linha do Equador não há pecado sexual, principalmente se o apelo é do homem. A Igreja aprovou o falo reprodutor – sêmen infinito de poderes germinadores. Que as mulheres se preparassem para atender à vontade de Deus numa terra suplicante de "armas" lascivas. O *cristianismo lírico e sensual* adormeceu em receitas adequadas às reivindicações sociais.

Não diria que concorreu o cristianismo como elemento causal, mas apadrinhou a linguagem da sexualidade. Não se assuste. Vamos com calma. Freyre compõe as peças do quebra-cabeça, e a trama é fácil de ser entendida. Se o Brasil precisava de gente, procriar era a ordem do dia. A ação colonizadora exigiu um *laissez-faire* sexual. O cristianismo não se fez de rogado, promoveu a criação de lúbricos ícones no imaginário de uma gente já inclinada ao hedonismo. Laureou um clima propenso à anuência de intercursos sensuais. Tudo isso se deu dentro de alguns critérios de aceitação e de sofisticação libidinosa. A religião, se não estimulou, pelo menos fez vista grossa aos amores em alcovas proibidas. Colonizar foi sinônimo de procriar. Logo, urgia maquiar a sexualidade com retoques "fesceninos". O cenário esmaltou, por efeito, o erotizante: doces, fabricados por freiras, com nomenclaturas sedutoras – baba-de-moça, papo-de-anjo, beijos, suspiros, manjar-dos-deuses... –, festas em Igrejas, flertes, namoros, tudo com a bênção de Deus. Que melhor mensageiro do amor poderia haver? O complexo sexual ganhou a dimensão do quase sagrado. O patriarcalismo inundou-se, com legitimidade "divina", do sêmen salvador.

O Nordeste brasileiro floresceu em famílias rurais ou semi-rurais, patriarcais, latifundiárias, escravocratas e, essencialmente, falocráticas. O familismo se espalhou por um doméstico *cristocêntrico* que, apegado ao ócio, levantou a alegoria da clandestinidade orgástica. Com a sexualidade à flor da pele, acolheu a *síndrome da genitalidade* e engendrou um sistema sociológico pautado num efetivo dualismo de gênero. A mulher viveu à margem do poder, acanhada num analfabetismo discriminador: o Brasil de ontem, por exemplo, foi um Brasil sem diários de mulher, o que em muito dificultou a análise de seus costumes, hábitos e desejos, queixa-se Freyre.

A figura feminina destacou-se como elemento neutralizador da autocracia de um mando sem limites. O *maternalismo* abrandou as durezas do patriarcalismo. Não é sem razão que o culto à Virgem Maria foi e continua sendo, no Brasil, exageradamente venerado, de modo a minimizar a aspereza de solfejos monocórdicos, tanto quanto a celebrar virtudes do legado jesuítico. O *maternalismo* simbolizou a suavidade, a brandura, a infiltração de cândidos pendores. Não fora sua eficácia, as ferezas do sistema avultariam em uma maior escala de grandeza. A mulher mitigou os desafetos com torpedos de abrandamento. Por conseguinte, o *maternalismo* timbrou o monograma que pacificou os corredores dos passos frustrados da casa-grande. Ainda hoje, a sociedade brasileira a ele recorre com igual função de amansamento.

Diga-se mais: a concepção por obra e graça do Espírito Santo consubstancia a resignação em estado quase celestial. O *Marianismo* e o

Maternalismo se associam na sinopse do que é docemente feminino. As características tradicionais da mulher – passividade, obediência, meiguice – contribuíram para procrastinar sua liberdade nos tempos coloniais, mas colaboraram sobremaneira para arrefecer a acidez de um poder insensível, narcísico e autocrático.

Registre-se, ainda, que a socialização se caracterizou pelo desprezo à infância – típico de sociedades exageradamente adultizantes, como foi a do açúcar –, e por rígidos ritos de passagem – Nascimento, Primeira Comunhão, Casamento, Morte. Neste Brasil que, segundo Freyre, *sifilizou-se antes de civilizar-se*, o sexo teve papel de primeiríssima ordem. O certo é que a sociedade de outrora desfilou imagens bilaterais de poder: no latifúndio, na propriedade privada, no sexo, na família, na escala etária, no sistema escravocrata...

Para além das inúmeras dominações, quase sempre ou sempre provenientes do topo patriarcal, vale consignar a importância da mulher no patriarcado brasileiro como linhagem troncular do aparato doméstico. Por trás do extenso canavial, sua presença se firmou, ora parindo, ora entregando-se ao êxtase do amor, ora propiciando uma fotografia amena do dia-a-dia. Sem sua invisível interferência a *Antropologia da família* teria sido outra.

Mesmo consciente das dificuldades que se multiplicaram no campo da pesquisa, não poupo críticas à história da Antropologia brasileira: seus estudos não fixaram as relações femininas do passado, talvez porque sua ostensiva posição de inferioridade tenha negligenciado a atenção dos pesquisadores. Aí, exatamente aí, se encontra o cerne da questão.

À *derrota histórica* da mulher o escritor pernambucano reagiu com sólida argumentação. Entendeu-a como resultado de distorções hauridas da ação discriminatória do sexo, já antecipadamente cognominado de frágil, visando vulnerabilizá-lo cada vez mais. Segundo sua interpretação, essa derrota existiu apenas na oficialidade de uma história reproduzida à guisa de figurinos ufanistas.

Se a visão do tempo presente ainda remete a alguns liames preconceituosos em relação à mulher, o que pensar da visão do passado, arraigada em deformações?

Tornar a mulher etérea, qual fantasma em permanente volatilidade, espírito em matéria diáfana, disse da perversa subscrição dos tempos da bagaceira – *menos* carne, *menos* sangue, *menos* desejo. Um panegírico de *menos*. Perfeição e virtude encenaram o binômio que recebeu os aplausos da "inodora" sacralidade – coroamento desumano que blindou o feminino com a imagem de vivente de *menos*.

Bibliografia

ALVIM CORREA, Roberto. O Proust da sociologia. In: NERY DA FONSECA, Edson (org.). *Casa-grande & senzala e a crítica brasileira de 1933-44*. Recife: Companhia Editora de Pernambuco, 1985.

AZEVEDO, Thales de. Gilberto Freyre e a reinterpretação do Brasil. In: *Gilberto Freyre: sua ciência, sua filosofia, sua arte*. Ensaios sobre o autor de *Casa-grande & senzala* e sua influência na moderna cultura do Brasil. Livro comemorativo do 25º aniversário da publicação de *Casa-grande & senzala*. Rio de Janeiro: José Olympio, 1962.

BADINTER, Elisabeth. *Um amor conquistado: o mito do amor materno*. Rio de Janeiro: Nova Fronteira, 1985.

BANDEIRA, Manuel. Nordeste. *Ciência & Trópico*, vol. 8, n. 1, jan./jun. 1980.

BARBOSA LIMA, Sandra A. *Participação social no cotidiano*. São Paulo: Cortez, 1983.

BEAUVOIR, Simone. *O segundo sexo*. São Paulo: Difusão Européia do Livro, s. d.

BENZANQUEN DE ARAÚJO, Ricardo. *Guerra e paz:* Casa-grande & senzala *e a obra de Gilberto Freyre nos anos 30*. Rio de Janeiro: 34, 1994.

BOTT, Elisabeth. *Família e rede social*. Rio de Janeiro: Francisco Alves, 1976.

BUARQUE DE HOLANDA, Sérgio. *Raízes do Brasil*. Rio de Janeiro: José Olympio, 1956.

BURITY, Glauce Maria Navarro. *A mulher na obra de Gilberto Freyre*. Paraíba: Fundação Espaço Cultural, 1988.

CARNEIRO, Edison. *Antologia do negro brasileiro*. Rio de Janeiro: Globo, 1950.

CHAUÍ, Marilena. *Repressão sexual: essa nossa (des)conhecida*. São Paulo: Brasiliense, 1985.

CORREIA DE ANDRADE, Manuel de. *A terra e o homem no Nordeste*. São Paulo: Brasiliense, 1973.

_____. O escravo negro e a intimidade da casa-grande. In: QUINTAS, Fátima (org.). *O negro: identidade e cidadania*. Recife: Massangana, 1995.

DAMATTA, Roberto. *A casa & a rua*. Rio de Janeiro: Guanabara, 1987.

DIÉGUES JÚNIOR, Manuel. Gilberto Freyre e os valores rurais da civilização brasileira. In: *Gilberto Freyre: sua ciência, sua filosofia, sua arte*. Ensaios sobre o autor de *Casa-grande & senzala* e sua influência na moderna cultura do Brasil. Livro comemorativo do 25º aniversário da publicação de *Casa-grande & senzala*. Rio de Janeiro: José Olympio, 1962.

DURAS, Marguerite. *O amante*. Rio de Janeiro: Nova Fronteira, 1985.

DURKHEIM, Émile. *As formas elementares da vida religiosa*. São Paulo: Martins Fontes, 2000.

ENGELS, Friedrich. *A origem da família, da propriedade privada e do Estado*. Rio de Janeiro: Civilização Brasileira, 1978.

ESPANCA, Florbela. *Sonetos*. Portugal: Publicações Europa-América, s. d.

FOUCAULT, Michel. *História da sexualidade II: o uso dos prazeres*. Rio de Janeiro: Edições Graal, 1984.

FREIRE, Paulo. *Pedagogia do oprimido*. Rio de Janeiro: Paz e Terra, 1983.

FREYRE, Gilberto. *O mundo que o português criou*. Rio de Janeiro: José Olympio, 1940.

_____. *Integração portuguesa nos trópicos*. Portugal: Ministério do Ultramar, 1958.

_____. *Problemas brasileiros de Antropologia*. Rio de Janeiro: José Olympio, 1962a.

_____. *Vida, forma e cor*. Rio de Janeiro: José Olympio, 1962b.

_____. *Retalhos de jornais velhos*. Rio de Janeiro: José Olympio, 1964.

_____. *Casa-grande & senzala: formação da família brasileira sob o regime de economia patriarcal*. 14. ed. Recife: Imprensa Oficial, 1966.

_____. *Como e por que sou e não sou sociólogo*. Brasília: Universidade de Brasília, 1968a.

_____. *Guia prático, histórico e sentimental da cidade do Recife*. Rio de Janeiro: José Olympio, 1968b.

_____. *Região e tradição*. Rio de Janeiro: Record, 1968c.

_____. *Brasis, Brasil, Brasília*. Rio de Janeiro: Record, 1968d.

_____. *A casa brasileira*. Rio de Janeiro: Grifo Edições, 1971.

_____. *Tempo morto e outros tempos*. Rio de Janeiro: José Olympio, 1975a.

_____. *A presença do açúcar na formação brasileira*. Rio de Janeiro: Divulgação do Instituto do Açúcar e do Álcool, 1975b.

_____. *Vida social no Brasil nos meados do século XIX.* Rio de Janeiro: ArteNova; Recife: Instituto Joaquim Nabuco, 1977.

_____. *Tempo de aprendiz.* Artigos publicados em jornais na adolescência e na primeira mocidade do autor – 1918/1926. São Paulo: Ibrasa; Brasília: Instituto Nacional do Livro, 1979a.

_____. *Oh de casa!* Recife: IJNPS; Rio de Janeiro: ArteNova, 1979b.

_____. *Aventura e rotina: sugestões de uma viagem à procura das constantes portuguesas de caráter e ação.* Rio de Janeiro: José Olympio; Recife: Fundação Joaquim Nabuco, 1980a.

_____. *Seleta para jovens.* Colaboração de Maria Elisa Dias Collier. Rio de Janeiro: José Olympio; Brasília: INL, 1980b.

_____. *Sobrados e mucambos: decadência do patriarcado rural e desenvolvimento do urbano.* Rio de Janeiro: José Olympio, 1981a.

_____. *Pessoas, coisas & animais.* Porto Alegre/Rio de Janeiro: Globo, 1981b.

_____. *Apipucos: o que há num nome?* Recife: Massangana, 1983.

_____. *Nordeste: aspectos da influência da cana sobre a vida e a paisagem do Nordeste do Brasil.* Rio de Janeiro: José Olympio, 1985.

_____. *Açúcar.* Recife: Massangana, 1987.

_____. *Casa-grande & senzala: formação da família brasileira sob o regime de economia patriarcal.* 41. ed. São Paulo/Rio de Janeiro: Record, 2000.

_____. *Modos de homem, modas de mulher.* Rio de Janeiro: Record, 2002.

GAMA, Ruy. *Engenho e tecnologia.* São Paulo: Livraria Duas Cidades, 1983.

GOFFMAN, Erving. *A representação do eu na vida cotidiana.* Rio de Janeiro: Vozes, 1985.

GOMES DA SILVA, Geraldo. *Engenho & arquitetura.* Recife: Fundação Gilberto Freyre, 1997.

_____. Arquitetura nos antigos engenhos de açúcar de Pernambuco. In: *Açúcar: a civilização que a cana criou.* Recife: Instituto Cultural Bandepe, 2002.

HASENBALG, Carlos. *Discriminações e desigualdades raciais no Brasil.* Rio de Janeiro: Graal, 1979.

HIGHWATER, Jamake. *Mito e sexualidade*. São Paulo: Saraiva, 1992.
História da vida privada no Brasil. 3 vols. 1997-1998. Diversos organizadores. São Paulo: Companhia das Letras.
HONÓRIO RODRIGUES, José Antônio. *Casa-grande & senzala*, um caminho novo na historiografia. In: *Gilberto Freyre: sua ciência, sua filosofia, sua arte*. Ensaios sobre o autor de *Casa-grande & senzala* e sua influência na moderna cultura do Brasil. Livro comemorativo do 25º aniversário da publicação de *Casa-grande & senzala*. Rio de Janeiro: José Olympio, 1962.
IANNI, Octavio. *Raças e classes sociais no Brasil*. Rio de Janeiro: Civilização Brasileira, 1972.
LEFÈBVRE, Henri. *La vida cotidiana en el mundo moderno*. Madri: Alianza Editorial, 1972. (El Libro Bolsilho.)
LÉVI-STRAUSS, Claude. *Antropologia estrutural*. Rio de Janeiro: Tempo Brasileiro, 1975.
LINS DO REGO, José. *Menino de engenho*. Rio de Janeiro: José Olympio, 1968a.
_____. Prefácio a *Região e tradição*. Rio de Janeiro: Record, 1968b.
LINTON, Ralph. *The study of man*. Nova York, 1936.
_____. *Cultura e personalidade*. São Paulo: Mestre Jou, 1945.
MALINOWSKI, B. *Uma teoria científica da cultura*. Rio de Janeiro: Zahar Editores, 1975.
MARTINS, Wilson. Livro definitivo na vida intelectual do Brasil. In: NERY DA FONSECA, Edson (org.). *Casa-grande & senzala e a crítica brasileira de 1933-44*. Recife: Companhia Editora de Pernambuco, 1985.
MAUSS, Marcel. *Sociedad y ciencias sociales*. Barcelona: Barral Editoras, 1972.
MEAD, Margareth. *Sexo e temperamento*. São Paulo: Perspectiva, 1979.
MEDINA, Carlos Alberto. *Família e mudança*. Rio de Janeiro: Vozes/Ceris, 1974.
MENDONÇA, João Hélio. Gilberto Freyre e os cronistas coloniais do Brasil. In: QUINTAS, Fátima (org.). *O cotidiano em Gilberto Freyre*. Recife: Massangana; Brasília: CNPq, 1992.
MENEZES, Diogo de Mello. *Gilberto Freyre*. Rio de Janeiro: Casa do Estudante do Brasil, 1944.

MIGUEL-PEREIRA, Lúcia. A valorização da mulher na Sociologia histórica de Gilberto Freyre. In: *Gilberto Freyre: sua ciência, sua filosofia, sua arte.* Ensaios sobre o autor de *Casa-grande & senzala* e sua influência na moderna cultura do Brasil. Livro comemorativo do 25º aniversário da publicação de *Casa-grande & senzala.* Rio de Janeiro: José Olympio, 1962.

MONTEIRO, Marília Pessoa. *Mito & preconceito no Brasil do século XIX.* Dissertação de mestrado apresentada ao curso de História da UFPE. Recife: UFPE, 1997. [Mimeo.]

MURARO, Rose Marie (org.). *Sexualidade, libertação e fé: por uma erótica cristã.* Rio de Janeiro: Vozes, 1985.

NABUCO, Joaquim. *Minha formação.* Brasília: Editora da UnB, 1963.

NERUDA, Pablo. *20 poemas de amor e uma canção desesperada.* Rio de Janeiro: José Olympio, 1980.

NERY DA FONSECA, Edson. *Um livro completa meio século.* Recife: Massangana, 1983.

NERY DA FONSECA, Edson (org.). *Novas perspectivas em* Casa-grande & senzala. Recife: Massangana, 1985a.

_____. Casa-grande & senzala *e a crítica brasileira de 1933 a 1944.* Recife: Companhia Editora de Pernambuco, 1985b.

NOGUEIRA MOUTINHO, José Geraldo. O sentimento religioso em *Casa grande & senzala.* In: NERY DA FONSECA, Edson (org.). Novas perspectivas em *Casa-grande & senzala.* Recife: Massangana, 1985.

OLIVEIRA, Rosiska Darcy de. *Elogio da diferença.* São Paulo: Brasiliense, 1993.

PARKER, Richard G. *Corpos, prazeres e paixões: a cultura sexual no Brasil contemporâneo.* São Paulo: Best Seller, 1991.

PEREIRA DE QUEIRÓZ, Maria Isaura. *O mandonismo local na vida política brasileira e outros ensaios.* São Paulo: Alfa-Omega, 1976.

PRADO, Paulo. *Retrato do Brasil: ensaio sobre a tristeza brasileira.* Rio de Janeiro: José Olympio, 1962.

PRADO JÚNIOR, Caio. *Formação do Brasil contemporâneo: colônia.* São Paulo: Brasiliense, 1965.

_____. *Evolução política do Brasil e outros estudos.* São Paulo: Brasiliense, 1975.

PROUST, Marcel. *Os prazeres e os dias e O indiferente e o fim do ciúme*. Rio de Janeiro: Nova Fronteira, 1983a.

_____. *A prisioneira*. Porto Alegre/Rio de Janeiro: Globo, 1983b.

_____. *A fugitiva*. São Paulo: Globo, 1992a.

_____. *À sombra das raparigas em flor*. São Paulo: Globo, 1992b.

_____. *No caminho de Swann*. São Paulo: Globo, 1993.

QUINTAS, Fátima. *Sexo e marginalidade: um estudo sobre a sexualidade feminina em camadas de baixa-renda*. Rio de Janeiro: Vozes, 1986.

QUINTAS, Fátima (org.). *O cotidiano em Gilberto Freyre*. Recife: Massangana; Brasília: CNPq, 1992.

_____. *Mulher negra: preconceito, sexualidade e imaginário*. Recife: Massangana, 1995a.

_____. *O negro: identidade e cidadania*. Recife: Massangana, 1995b.

_____. *A obra em tempos vários*. Recife: Massangana, 1999.

_____. *Evocações e interpretações de Gilberto Freyre*. Recife: Massangana, 2003.

_____. *As melhores frases de* Casa-grande & senzala*: a obra-prima de Gilberto Freyre*. Rio de Janeiro: Atlântica Editora, 2005.

RADCLIFFE BROWN. *Antropologia*. São Paulo: Ática, 1978.

RIBEIRO COUTINHO, Odilon. A época em que apareceu *Casa-grande & senzala*. In: NERY DA FONSECA, Edson (org.). *Novas perspectivas em Casa-grande & senzala*. Recife: Massangana, 1985.

_____. História íntima, vida cotidiana e reconstituição do tempo morto em Gilberto Freyre. In: QUINTAS, Fátima (org.). *O cotidiano em Gilberto Freyre*. Recife: Massangana; Brasília: CNPq, 1992.

_____. *Gilberto Freyre ou o ideário brasileiro*. Rio de Janeiro: Topbooks, 2005.

RIBEIRO, Darcy. *Ensaios insólitos*. Porto Alegre: L&PM Editores, 1979.

_____. *O povo brasileiro: a formação e o sentido do Brasil*. São Paulo: Companhia das Letras, 1995.

RIBEIRO, René. Gilberto Freyre, cientista social: seu estudo das relações étnicas e culturais no Brasil. In: *Gilberto Freyre: sua ciência, sua filosofia, sua arte*. Ensaios sobre o autor de *Casa-grande & senzala* e sua influência na moderna cultura do Brasil. Livro comemorativo do 25º aniversário da publicação de *Casa-grande & senzala*. Rio de Janeiro: José Olympio, 1962.

RILKE, Rainer Maria. *Cartas a um jovem poeta*. Porto Alegre: Globo, 1980.

ROQUETTE-PINTO. Nasceu obra clássica. In: NERY DA FONSECA, Edson (org.). Casa-grande & senzala *e a crítica brasileira de 1933-44*. Recife: Companhia Editora de Pernambuco, 1962.

SAFFIOTI, Heleieth I. B. *A mulher na sociedade de classes: mito e realidade*. Rio de Janeiro: Vozes, 1976.

_____. *O poder do macho*. São Paulo: Moderna, 1987.

_____. Abuso sexual pai-filha. In: QUINTAS, Fátima (org.). *Mulher negra: preconceito, sexualidade, imaginário*. Recife: Massangana, 1995.

SALDANHA, Nelson. A Antropologia da vida privada. In: QUINTAS, Fátima (org.). *O cotidiano em Gilberto Freyre*. Recife: Massangana: Brasília: CNPq, 1992.

_____. *O jardim e a praça*. São Paulo: Edusp, 1993.

SAN JUAN DE LA CRUZ. *Obras*. Barcelona: Editorial Vergara, 1965.

SARTRE, Jean-Paul. *A náusea*. Rio de Janeiro: Nova Fronteira, 1986.

TARQUINO DE SOUZA, Octávio. *Sobrados e mucambos. Ciência & Trópico*, Recife: Massangana, vol. 8, n. 1, jan./jun. 1980.

VAN GENNEP, Arnald. *Os ritos de passagem*. Rio de Janeiro: Vozes, 1978.

VARNHAGEN, F. A. *A história geral do Brasil antes da sua separação e independência de Portugal*. São Paulo: Melhoramentos, 1975.

VILA NOVA, Sebastião. Fundamentos de uma teoria sociológica do cotidiano em Gilberto Freyre. In: QUINTAS, Fátima (org.). *O cotidiano em Gilberto Freyre*. Recife: Massangana; Brasília: CNPq, 1992.

_____. *Sociologias e pós-sociologia em Gilberto Freyre*. Recife: Massangana, 1995.

WESTFHALEN, Maria Cecília. *Casa-grande & senzala*, o tempo tríbio e a longa duração. In: NERY DA FONSECA, Edson (org.). *Novas perspectivas em* Casa-grande & senzala. Recife: Massangana, 1985.

WOLF, Naomi. *O mito da beleza: como as imagens de beleza são usadas contra as mulheres*. Rio de Janeiro: Rocco, 1992.

WOORTMAN, Klaas. *A família das mulheres*. Rio de Janeiro: Tempo Brasileiro; Brasília: CNPq, 1987.

Fátima Quintas nasceu no Recife, Pernambuco. Diplomou-se em Ciências Sociais pela Universidade Federal de Pernambuco (UFPE) e ingressou na Fundação Joaquim Nabuco em 1965, na qualidade de pesquisadora/antropóloga. Realizou cursos de pós-graduação em Antropologia Cultural e Museologia em Lisboa, no Instituto de Ciências Sociais e Política Ultramarina e no Museu das Janelas Verdes, respectivamente, residindo em Portugal por sete anos.

Publicou diversas obras de Antropologia e vem se dedicando a estudos sobre Gilberto Freyre. Atualmente é coordenadora do Seminário de Tropicologia da Fundação Gilberto Freyre. Conheceu o sociólogo de perto e com ele manteve uma relação filial, o que propiciou o crescimento, desde cedo, de sua admiração pelo autor. São vários os livros por ela organizados sobre o pensamento do escritor pernambucano, destacando-se: *O cotidiano em Gilberto Freyre, A obra em tempos vários, Evocações e interpretações de Gilberto Freyre.* Voltada para as pesquisas sobre a Civilização do Açúcar, acabou de organizar o livro pelo Sebrae-Pernambuco: *A civilização do açúcar.*

É membro da União Brasileira de Escritores (UBE – seção Pernambuco), da Academia Recifense de Letras e da Academia Pernambucana de Letras (APL).

Impressão e Acabamento
assahi
gráfica e editora ltda.